山陕会馆与关帝庙

赵逵 邵岚 著

中国出版集团

东方出版中心

目　录

第一章

绪 言

一、研究缘起

会馆是中国传统建筑中十分独特的类型，它产生于明末，兴盛于清中晚期，衰败于民国末年，前后不过三四百年时间，却见证了中国社会人口大迁徙、商品交换大繁荣的全过程，而且为今世留下了众多辉煌精美的建筑遗产。可惜，会馆短暂的辉煌没有得到建筑学界的足够重视。

山陕会馆是现存数量多、形式精美华丽、保存完整的会馆类型。这些会馆既是山西、陕西商人"商通南北"的历史见证，也是山西、陕西移民情系桑梓的精神寄托，是在"移民活动"和"商业活动"双重背景和环境下产生的建筑类型，是本土文化与异域文化相融合的产物。

在国家自然科学基金支持下，我们的研究团队北上山西、陕西，南下福建、广东，东进江浙，西入巴蜀，对山陕会馆集中的省份进行了大量考察，在惊叹于山陕会馆精美绝伦的同时，更折服于古代工匠的精湛技艺，也有感于这些传统建筑所寄托的精神与文化内涵。本书在研究资料和实地考察的基础上，思考山陕会馆与关帝庙的种种联系，从历史文化起源的独特视角，对山陕会馆进行全面系统的解读。通过研究关帝庙与山陕会馆的传承与演变，为山陕会馆的研究提供更广阔的视野。在研究的同时，将山陕会馆与其他会馆进行横向与纵向的比较也会让会馆研究进一步系统化与完整化。

笔者希望通过对山陕会馆的专题研究，更全面、细致地展现这类独特建筑遗存的风貌。

二、相关研究

相对于整体会馆研究，学术界对山陕会馆的研究则起步较晚。虽然山西、陕西商人自明清以来在全国各地建立了数量极多的会馆，使山陕会馆在所有会馆中占有极其重要的地位，但对于山陕会馆的研究却成果寥寥。目前，对于关帝庙、山陕会馆建筑的研究，主要是从经济历史文化、古建保护开发、建筑文化艺术三个角度展开的：

第一，经济历史文化角度。从经济历史文化角度分析山陕商帮、会馆发展史的著作主要有张正明、张舒的《晋商兴衰史》和李刚的《陕西商帮史》。关于此角度的学术论文有：李刚、宋伦发表的《论明清工商会馆在整合市场秩序中的作用——以山陕会馆为例》、《明清山陕会馆与商业文化》，周敬飞的《明清时期晋商文化的特点》，任斌的《略论青海"山陕会馆"和山陕商帮的性质与历史作用》、蔡云辉的《会馆与陕南城镇社会》等。

第二，古建保护开发角度。从古建保护开发角度研究山陕会馆的著作主要集中于对单座会馆的独立研究，其中，较有代表性的有河南省古代建筑保护研究所与社旗县文化局共同编著的《社旗山陕会馆》一书，该书收入研究论文和雕刻铭文及石刻碑记的拓文等有关文字资料约25万字，又有各种图版430幅。[1]另外，还有竞放编著的《山陕会馆》，王瑞安主编的《山陕甘会馆》，郭广岚、宋良曦等著的《西秦会馆》等。

另有几本关于山陕会馆碑文的成果，研究以山陕会馆为实例，对这几个著名市镇的山陕会馆的保护与开发具有十分显著的实证研究意义。其中尤以许檀先生的成绩显著，如《清代河南朱仙镇的商业——以山陕会馆碑刻资料为中心的考察》、《清代河南的商业重镇周口——明清时期河南商业城镇的个案考察》、《清代河南的北舞渡镇——以山陕会馆碑刻资料为中心的考察》、《清代河南社旗镇的商业——基于山陕会馆碑刻资料的考察》等文章。

第三，建筑文化艺术角度。在有关山陕会馆建筑文化艺术的专著中，较为概括和全面的有徐永杰先生编著的《会馆文化丛书》（以河南地区会馆为研究对象），自由摄影师荣浪主编的《山西会馆》以及画册《山陕会馆》。还有一些著作中涉及山陕会馆，如刘文峰的《山陕商人与梆子戏》，陶宏的《浅析西秦会馆建造背景》，李芳菊的《论社旗山陕会馆艺术装饰中的古代先哲思想》。

迄今为止，对山陕会馆的研究在如下方面取得了显著的成绩：

① 各地山陕会馆资料的征集为其后研究奠定了基础，出现了以山陕会馆为特定对象的实地调查研究。

② 将山陕会馆置于整个社会发展历史和经济商业文化中去研究，充分说明会馆这一重要的建筑类型已引起越来越多的重视。

③ 对山陕会馆的研究开始从宏观范围的概括性叙述，转为深入局部和细节的微

---

1 参见冯筱才：《中国大陆最近之会馆史研究》，《近代中国史研究通讯》2000年第30期。

观研究，这为其他会馆的研究提供了思路和信息。

然而，对于山陕会馆历史方面的研究（多数论述行会的发展演变，以及行会在社会经济、商业活动中的地位与作用等方面）与山陕会馆建筑方面的研究(对平面布局、单体建筑自身的形制与构造进行测绘、分析)，学者们却始终未能将二者进行良好结合，并落到山陕会馆的文化意义主题上，未能清晰展示山陕会馆这类重要建筑的全貌。

三、研究的方法与意义

本书的研究方法：

① 搜集学术界各个学科对山陕会馆的研究成果，整理实地调查与记录之后留存的大量图片和文字资料，并进行有序梳理。

② 对典型的山陕会馆进行案例研究，对关帝庙适当作补充性调查；分析两者的文化内涵与建筑特色，并将山陕会馆与其他会馆进行比较。

③ 综合研究从关帝庙到山陕会馆传承与演变的历史原因与变迁过程，解析其文化与建筑的内在联系。

本书的研究意义：

通过对全国范围内的关帝庙和山陕会馆进行全面而系统的解读，从历史、文化、建筑等方面论述关帝庙与山陕会馆的传承与演变关系，从而进一步论证，建筑是文化的载体，文化是建筑的灵魂。借助这一著作的出版，期望能唤起读者对中国会馆古建筑文化的自爱与自珍，这是古建筑文化保护最关键的前提。

第二章

关帝庙与山陕会馆的基本概况

一、关帝庙、山陕会馆的定义与概念

1. 关帝庙的定义与概念

关帝庙又称武庙、武圣庙、文衡庙、协天宫、恩主公庙，是祭祀中国三国时代将领关羽的祠庙。而关帝之称来自明朝皇帝授予关羽的"关圣帝君"封号。关羽是中国神明、圣贤中为其建立祠庙最多的一位。

在《中国建筑艺术全集》的《坛庙建筑》分册中，收录关帝庙，以此作为参考，关帝庙在中国古代建筑分类中归入"庙"。然而，在实地考察调研中，很多关帝庙被发现与山陕会馆紧密联系，如河南周口关帝庙的本名为"山陕会馆"，而山东聊城山陕会馆的俗称为"关帝庙"，这其中的文化渊源是本书论述的主题。

2. 山陕会馆的定义与概念

山陕会馆，即明清时代山西、陕西两省工商业人士在全国各地所建会馆的名称。

山西、陕西两省在明清时代形成两大驰名天下的商帮——晋商与秦商。山西和陕西，一河之隔，自古就有秦晋之好的佳话。当时，山西与陕西商人为了对抗徽商、浙商、江右商帮及其他商帮的需要，常利用邻省之好，互相支持，互相帮助，实现共赢，人们通常把他们合称为"西商"。山陕商人结合后，在很多城镇建造山陕会馆，遍布全国各地的规模宏大、气势磅礴的山陕会馆建筑群就是最有力的见证。

在全国各地的众多会馆中，由于多数会馆都供奉神灵并定期祭祀，且布局与神庙很类似，所以不少会馆又被命名为"某某庙"或"某某宫"。一般"宫"的规模较大，多为外省人所建，如天后宫（福建人建）、禹王宫（湖广人建）、万寿宫（江西人建）；"庙"的规模较小，多为当地人所建，如四川人在外省建"川主宫"，在本省则建"川主庙"。而几乎所有山陕会馆供奉的都是关羽，并且有相当数量的"山陕会馆"别名为"关帝庙"，这其中的原因分析呈现在后文中的"关帝庙、山陕会馆与文化"、"从关帝庙到山陕会馆的传承"等章节中。

本书中提到的"山陕会馆"，其实是一个统称。这其中，包括"山西会馆"、

左图： 开封山陕甘会馆木雕局部

"陕西会馆"、"西秦会馆"、"全晋会馆"、"山陕甘会馆"等（随会馆在各地的不断建立和发展，吸纳不同地域的习俗与文化，造成名称之多，在此不一一列举）。在后文中，在研究山陕会馆的发展与演变时，笔者还会就山陕会馆的名称进行详细论述。

二、关帝庙、山陕会馆的起源与产生

1. 关帝庙的起源

关公，姓关名羽，字云长，后被民间称为"关公"。

关羽生于桓帝延熹三年（160），卒于公元220年。河东郡解县宝池里下冯村人。在今天的山西省运城市解州镇，建有规模宏大、精美绝伦的关帝庙。

最早有关帝庙记载的是湖北当阳玉泉山麓中的关陵。众多记述表明，唐朝封建统治者对修建关帝庙持支持态度。从宋元到明初，封"关帝"是关公崇拜由民间到封建统治阶层的转折，关公成为国家祭祀的最高神。近在宋代，就先后六次被加封[1]。伴随着关公被神话的过程，关帝庙的建设量大大增加。明清时期，关公在社会和民间的影响达到了空前程度，关帝庙在全国的发展也达到了空前的规模。一方面，数量增加，遍及全国，成为全国寺庙建筑中数量最多的庙宇；另一方面，封建统治者对关帝庙的修建极为重视，不惜耗费巨资。

在明清时期，关帝庙之所以能在如此大的范围内不断发展壮大，不仅因为中国封建社会统治者推崇关公，而且从社会经济发展角度看，与晋商的发展有着莫大的关系。关公是山西人的骄傲。山西商人的势力、权力、财力在全国范围不断提高，他们走到哪里，就把对故乡的思念带到哪里，并寄托于对关帝的祭祀与崇拜，把关帝的精神不断宣传与发扬。他们走到哪里，就把关帝庙修建到哪里。在后文中，笔者将结合当时社会的经济文化背景，对关帝庙、山陕会馆与关公文化的内在联系进行进一步论述。

2. 山陕会馆的产生

唐宋时期，各地其实已出现会馆建筑的萌芽，如前文提到，早期的会馆建筑通

---

1 封号有"忠惠公"、"崇宁真君"、"武安英济王"等。

常比较单一，主要是接待本籍举子来京应试，以及本籍官员来京下榻。从中国古代诗歌中不难看出，思乡情绪或许是中国文化的一个基本情结。从某种程度上来讲，思乡情绪所产生的效果有积极的一面，让在京任职的同乡在佳节相聚，聊家乡话，畅谈生活，相互鼓励，共同进步。最初，在京任职的官员往往是单身赴任，彼此住在一起并相互监督，树立官员们正直廉洁的良好形象。随着科举制度普遍推行之后，同乡官绅开始重视本乡学子求取功名，带动了各地应试的普及和发展，使科举制度有了更多的呼应者。同时，曾经居住于会馆的学子进入了官员阶层后，为回报昔日会馆生活带给他们的情谊和帮助，常捐资修葺或增建会馆，这使会馆建筑日趋富丽堂皇起来。

山陕会馆也是最具代表性的工商会馆。工商会馆的创建者是商人，特别是在外四处奔走经营贸易的商人，他们是传统社会里见多识广的人群，早在那个时代，他们就迅速地察觉到了社会中各种商业行为不能脱离文化支撑，更不能脱离拥有丰富文化知识的官员的庇护。于是，同籍商人与同籍官员便因此而迅速地结合起来。商人们的财力保证了会馆馆舍的辉煌，而官员们则竭力理顺商业秩序，或在政策条款中顾及商人利益。两者的结合，为当时政治的稳定和社会的进步创造了相对和谐共生的局面。

长距离贩运贸易的兴盛发展，明清时在全国范围形成了著名的十大商帮——陕商、晋商、徽商、浙商、鲁商、苏商、粤商、闽商、怀商、江右商。而在这十大商帮中，以晋、陕、徽三帮实力最为雄厚。为了对抗徽商，山西、陕西商人常联手合作，被合称为"山陕商人"或"秦晋商人"（其中某一时期，由于主要在西部从事商业活动而被称为"西商"）。

千百年来的"重农抑末"思想，使财力雄厚的商人依然处于社会的最底层。据资料记载，明清时期某些"公车试馆"不允许商人停留居住。客帮商人始终处于被边缘化的地位，受本地商民的侵害欺侮。这些被压抑的情绪，常使他们愤恨，从而产生逆反心理。他们以手中的金钱作为武器，利用自己雄厚的经济实力，从"公车试馆"中分离出来，聚资兴建恢弘壮丽的会馆，一方面向社会展示其强大的经济实力，另一方面求得社会大众的心理认同。山陕商人在各地兴建的会馆，动辄耗资千百万两，多富丽堂皇，成为当地著名的标志性建筑，有些甚至完整地保存至今，成为著名的历史名胜旅游景点。而且，山陕商人用雄厚的财力对会馆进行不间断地修缮整理，这便是为什么众多会馆中只有工商会馆仍能基本完好保留至今的原因。例如，始建于乾隆十一年（1746）的社旗山陕会馆，毁于咸丰年间，光绪年间又重新修建，直到今天还基本保留，供后世人参观。山陕商人在建造会馆建筑时极力彰显乡土文化，以在异地营造一个故乡文化的氛围，同时寄托自己对故乡的情怀。例如，陕西商人在四川营建陕西会馆时，采取北方建筑风格，布局严谨对称，将家乡的四合院移植到蜀地。建筑群中，房屋构架为梁柱式，斗拱累叠，正殿为重檐歇山顶，以黛色筒瓦覆盖，正脊两端以龙形兽物装饰。这些鲜明的北方建筑风格，彰显了与蜀地不同的文化特色；在河南舞阳北舞渡镇山陕会馆建造过程中，发生了有趣的插曲，据该会馆《创建牌坊碑记》中记载说，"镇南筑山陕会馆，宫殿墙腰已臻尽美，就是少牌坊一座，当事者为之四顾踌躇焉，而未能满志也"，于是商人又捐资修了美轮美奂的牌坊——这一能"彰其美"的标志性构造物。另外，会馆是同籍商人的乡情归宿。在封建社会小农经济背景下，在浓郁的乡土亲情观念驱使下，这些"同在异乡为异客"的流动人口自然而然地以"乡土"作为纽带聚集并团结起来。负重涉远的商人背井离乡，风俗不同，语言不通。白日里，商人们启门售货，送往迎来，心苦脸笑，还得面对强势逼凌，尔虞我诈的局面。夜晚时，他们思念远在天边的家乡父老，一种"床前明月光，疑是地上霜。举头望明月，低头思故乡"的乡愁萦绕心间，于是产生"断肠人在天涯"的情感失落。在这种境遇下，为抚慰商人的乡愁，使他们能从感情上"触摸"家乡文化，以弘扬乡土文化为主要目的的会馆便应运而生。例如，修建西秦会馆的目的是："客子天涯，表稀里散，情联桑梓，地据名胜。剪棘刊茅，遂壮丹台，则又怀睦亲以敦本，于礼协，于情安……此西秦会馆关帝庙所由建与。"[1]这说明了陕西商人修建会馆的目的就是为了让商人们"怀睦亲以不忘故土，联桑梓以去游子之愁"。由于山西商人与陕西商人多联手做生意，所以他们也多联手共建山陕会馆。资料记载中表达得细致入微："山陕古秦晋姻好之国也。地近而人亲，客远而国亲，适百里见乡人而喜，适千里者，见国人而喜，适异域者见之国人而亦喜。"[2]同时，流寓商人常常背井离乡，只身一人，很难融入当地的社会文化氛围。山陕会馆便成为一个替商人分散乡愁、感受家乡文化的场所，使商人们在听戏观舞的过程中排解乡愁。因此，大多数山陕会馆都有可容纳上百人的戏场和精美绝伦的戏台。甚至，听戏观舞成为某些山陕会馆的主要功能，例如安徽亳州山陕会馆也名"花戏楼"。以上事例均说明明清山陕商人建造会馆的直接目的，就是为给商人提供一个消解乡愁的地方，使流寓商人能够他乡遇故知，不至于

---

1 《西秦会馆关圣帝庙碑记》。

2 《汉口山陕会馆志》。

亳州山陕会馆戏台

落得孤零之叹。

　　更重要的是，商海潮起潮落，万种风险，祸福难测，使商人常常心怀恐惧，山陕会馆的"神灵崇拜"便成为商人们心灵的归宿。人们望通过祭祀神灵，来缓解市场风险所造成的心理压力和创伤，同时祈祷生意顺利。在社旗山陕会馆《铁旗杆记》中记载，"帝君亦浦东产，故专庙貌而祀加虔。"山陕商人之所以祭拜关公，由于山西运城是关公的故乡，关公是他们的乡土神。随着山陕会馆的不断建立，商人将更多的愿望寄托于他们的乡土神"关帝"。"秦晋人商贾于中州甚多，凡通都大邑巨镇皆曾建关帝庙……抑去父母之邦，营利千里之外，身与家相暌，财与命相关，祈灾患之消除，惟仰赖神灵之福祐，故竭力崇奉。"、[1] "太平之民贸易于兹土者，人既多，生理日臻茂盛，莫不仰沐神庥，咸被默祐也。"[2] 从这些文献记载，可以看出山陕商人之所以祭祀关公，还为求财免灾。因此，山陕商人无不祭拜关公，山陕会馆亦多称为"关帝庙"。在物欲横流的现实世界，商人们常常会为追逐金钱而丧失本性，"无奸不商"是人们蔑视商人的主要理由，而诚商良贾并非天之造化，需要后天教育。而关公身上所体现的"忠义"、"仗义"精神与诚信的市场规则相吻合，山陕会馆祭祀关公，正是感化商人仁中取利，义先利后。山陕会馆成为山陕商人施行教化再造人格的圣坛。

三、关帝庙、山陕会馆的发展与演变

1. 山陕会馆的发展

　　山陕会馆的整个发展过程可以说是山陕商人将商业发展到全国各地乃至世界各地的过程，也是山陕商人将本土文化与地方特色播散到四面八方的辉煌历史。山陕会馆建筑见证并承载了一段特殊的会馆历史。而会馆的不断发展，是由多种综合因素促成的，最重要的当然是经济因素，即山西陕西商人的贸易商业发展。山西和陕西，一河之隔，自古就有秦晋之好的佳话。前文提到明清时期，陕西、山西两省形成两大驰名天下的商帮——秦商与晋商，人们通常把他们合称为"西商"。在五个多世纪里，山陕商人从"食盐开中制"政策中获得机遇，商业开始起步。随着商帮的

---

1 《重修关帝庙碑记》。

2 《重修山陕会馆增制宝幔銮仪碑记》。

不断发展，各地的山陕商人分别开设了各种商业行会，包括杂货业、木制业、皮货业、成衣业、理发业、锻制业、钱庄业、银行业、当铺业、油漆业、生肉业、酒饭业、医药业、修鞋业、毡毯业、碾米业、面粉业等，涉及种类多而广。行会逐渐发展，山陕商人在很多城镇建造山陕会馆（也称西商会馆），联结起了秦晋地域的商人和众多的行业商，在维护同乡和同业商人利益、调解商业纠纷方面都起到了积极的作用。山陕商人依托故里，将贸易扩展到全国各地的关隘重镇和商埠都会以及繁华集市。在鼎盛时期，山陕商人甚至将贸易扩展到外蒙古、俄罗斯、朝鲜等邻近国家地区。

其次，明清时期的社会诸多因素促进了山陕会馆的发展。其实，会馆起初的性质属于交通运输需要的服务场所。当然，商人还是在流动人口中占有大多数。从明代末期到清代初期，这是经济和商业贸易以及交通运输的发展较为迅速的时期，也是地区性的商品交流大量增加的时期。另外，明末清初时的战乱引起大量的人口迁移流动，这样，就使得商业性和地域性的会馆在各地蓬勃发展起来，甚至延伸到一些比较偏远的地区。

在众多会馆中，山陕会馆的建筑从数量、质量、规模上都是其他会馆不能匹敌的。虽然，随着岁月的更替，许多山陕会馆已不复存在，但仍有相当数量的山陕会馆保存完好，成为具有历史价值、艺术价值和文物价值的珍贵文化遗产。

以上是山陕会馆在时间纬度上的发展，山陕会馆从空间上的发展也同样具有研究意义。在清代，山陕会馆的发展达到顶峰，全国各地几乎无处不有山陕会馆。山西商人与陕西商人的足迹到哪里，哪里就会有山陕会馆。如今遗留下来基本完整的、残留部分的以及一些被拆除但还有资料表明存在过的山陕会馆共有637个[1]，这个庞大的数据基于近几十年各领域学者的不断研究与发掘，依据现如今存在的有关山陕会馆建筑的各相关资料，可以清晰地还原历史，而山陕商人何时、何地、为何在此时此地修建山陕会馆的思考也让学者可以证实这一段有关会馆以及商业、文化的历史。例如，目前洛阳完整保留下来的山陕商人建立的会馆一是始建于清康熙年间的山陕会馆，为山西、陕西两省富商大贾集资所建，俗称"西会馆"；一是始建于乾隆九年（1744）的潞泽会馆，为山西潞安、泽州两府同乡商人集资兴建，俗称"东会馆"。这两座会馆现如今基本保存完好，从建筑的庞大规模和精美细部不难看出山陕商人当时在洛阳商贸繁荣。如今的洛阳已经失去昔日的辉煌地位，

1 参见第二章第四节中山陕会馆在各省市地区分布统计。

然而在清代，它地处中原，西接陕、甘，东达齐、鲁，北抵燕、晋，南通吴、楚，直到清末民初京广、陇海铁路通车前，这里仍然是全国水陆交通的重要枢纽。洛阳是晋商南下的必经要地。[1]当时洛阳的交通运输，主要是靠"两京大道"[2]和"晋楚孔道"[3]。同时，洛河的水量，民国以前比现在大得多，可乘船水运入黄，向东连京杭大运河而达江南苏杭地区。潞安在今山西长治市，离洛阳约200公里。泽州在今山西晋城市，离洛阳约120公里。这两地都位于晋东南，与洛阳隔河相望。因此，清代潞、泽两州两地商人在洛阳营建同乡会馆，作为越王屋、渡黄河后，南下经略江淮的重要馆舍，潞泽会馆就此诞生。由此不难看出，山陕会馆发展的空间轨迹与山陕商人的商业发展轨迹有着直接的联系。在实地考察调研中，按照习惯性思维来讲，在大城市出现山陕会馆并不奇怪。然而，一些如今看起来并不重要的小县城，甚至村落，也同样有着美轮美奂的山陕会馆。而几乎所有所谓的"小地方"都处在江、河、湖水岸，处于水陆交通的重要枢纽或转折点。只不过后期因江河改道或水运衰落而繁华不再。有关山陕会馆的分布特点会在"山陕会馆的分类与分布"这一章节中详细叙述。

正如前文所述，这里所说的"山陕会馆"，非狭义上的山陕会馆，而是一个统称，即为山西、陕西两省商人建立的会馆。明清是山陕会馆发展的重要时期，清代则是它的鼎盛阶段。从明代中叶起到清代末年的近四百年时间里，由于当时的信息传递限制，以及建筑建造的地域和时间不尽相同，若细分起来，山陕会馆命名的方式不下百种。而简单概括起来，山陕会馆的命名最为典型的是"会馆"之前加上"地名"或者"行业名"以及其他别称或者俗称。依据各资料汇总后的山陕会馆现状总体情况列表，其命名可以细分为以下几类：

① 联省会馆命名，即由两个或两个以上省份商人合建成的会馆。商人合建的称为"山陕会馆"、"陕山会馆"、"秦晋会馆"。"山""陕"在命名中的排序由当时当地的山西商人以及陕西商人的势力和地位决定，势力较大、地位较高的往往排在前列。有由三个省份商人建立的会馆，如河南开封的"山陕甘会馆"，原为"山陕会

1 参见许檀：《清代中叶的洛阳商业——以山陕会馆碑刻资料为中心的考察》，《天津师范大学学报》（社会科学版）2003年第4期。

2 "两京大道"即洛阳通往西安的大道，向西沿古"丝绸之路"可达青海、新疆，向东可达山东沿海。陇海铁路基本上与这条大道相合，是商周以来东西交通的千年古道。

3 "晋楚孔道"是从山西渡黄河（经风陵渡、茅津渡、白鹤渡）过洛阳，向南经汝州、鲁山、南阳，而达湖、广、江、淮地区。

馆"，后因甘肃商人加入而易名为"山陕甘会馆"，成为山西、陕西、甘肃三省商人共有会馆。另外，还有湖南湘潭的北五省会馆，是清代康熙年间，由山西、河南、甘肃、山东、陕西北方五省的旅潭商人集资合建，故称北五省会馆。

② 各省会馆命名，即由山西、陕西两省人分别建立的会馆。如由山西商人独自兴建的会馆，取名为"山西会馆"、"全晋会馆"、"三晋会馆"、"晋翼会馆"等，由陕西商人独自兴建的会馆取名为"陕西会馆"、"西秦会馆"等。

③ 以州县命名，即山西、陕西各州县商人联合兴建的会馆。如山西的"太原会馆"、"临汾会馆"、"曲沃会馆"分别由太原县、临汾县、曲沃县商贾商绅创立；同样，陕西的"三原会馆"由三原县商贾建立，"泾阳会馆"由泾阳县商贾建立，"汉中会馆"由汉中县商贾建立。

④ 以行业名称命名，即从会馆名称直接反映商人所处行业。如陕西龙驹寨的"船帮会馆"、"马帮会馆"等。

⑤ 以庙命名，即会馆名称本身不含"会馆"二字，而是以"庙"命名，虽不具会馆之名，却承会馆之实。通常这样的名字为俗称。从表面上看，这是最为特殊的命名方式。但从山陕会馆发展历程的角度解读，却并不特殊。在笔者调研的山陕会馆中往往还有别名，如"山陕庙"、"关帝庙"、"三义观"、"财神庙"等。这类命名多见于"以庙为馆，馆庙结合"的会馆，如陕西丹凤的"船帮会馆"又称"花戏楼"。还有河南朱仙镇的"大关帝庙"、新疆乌鲁木齐的"关帝祠"[1]、河南叶县的"山陕庙"、宁夏银川的"三义观"、湖北郧阳的"山陕庙"等。

⑥ 其他命名。在这些会馆中，还有一些命名带有特殊性。如在内蒙古自治区的所有山陕会馆均以"社"命名，并采用"地名"前缀，这些地名基本是县级地名，如"盂县社"、"介休社"、"宁武社"等。还有一些特殊的命名在此不一一列举。

总而言之，本书所指的"山陕会馆"是对明清时期由山陕商人所建会馆的统称，并不是明清山陕商人所建会馆的真实而统一的命名。山陕会馆的命名方式多种多样，从名称的变化折射出更多的是山陕会馆的历史变迁。山陕会馆名称的多样性有诸多原因，其一是以山西、陕西地区州县为单位的小地域范围的官员、科举士子及商人的实力不断增强推动了州县会馆的发展，各州县仅凭借自身力量即可承担会馆建筑群建设的全部开销。再如由于明清时期社会商品发展，推动了众多行业的兴盛，由同乡经营同一行业的商人建成同业会馆，这些行业会馆以行业名称直接命名

---

1 又名晋陕会馆。

更有助于商业规模的进一步扩大。由此，商业行业的多样性必然直接导致会馆名称的多样性。另外，基于封建社会这一历史背景之下，从"庙"到"馆"的演变促进和激发了会馆名称的多样性，而对于山陕会馆具体而言，则是基于对关帝的崇拜，"山陕会馆"并非叫做"会馆"。除了以上原因导致了会馆名称的多样性，山陕会馆名称的变更则是其名称多样性的另一个重要原因。

对于传统的"地名"加"会馆"二字的命名方式尤其是联省会馆，引起名称变更的原因主要有两个方面，一是因参与会馆建设各省份数量变化。如河南开封山陕会馆，会馆由山陕商人始建，命名为"山陕会馆"，到了光绪年间因甘肃商人加入，改名为"山陕甘会馆"。二是参与会馆建设各省份次序的变化。如安徽的芜湖会馆，初建时名为"秦晋会馆"，光绪三十一年（1905）更改为"山陕会馆"；又如建于甘肃省的甘谷、景泰、张掖三地的会馆，嘉庆十五年（1810）名为"山陕会馆"，[1]咸丰五年（1855）变更为"陕山会馆"，到光绪二十六年（1900）又名为"陕西会馆"。[2] 从嘉庆到光绪，会馆名称历经三次变更。还有更为复杂的名称更改，以兰州的山陕会馆最为典型。此会馆始建于康熙四十七年（1708），名为"骊陕会馆"，入嘉道后，更名为"山陕会馆"，咸丰五年改为"陕西会馆"，到了宣统年间，又还原为"山陕会馆"。从康熙到宣统，该会馆名称的变更几乎贯穿了整个清代。所以，由此可以看出，山陕会馆的名称更改有一定的普遍性。

山陕会馆命名方式如此众多，但是就地域性来看山陕会馆命名有规律可循。以山陕会馆统计总表来看，在位于湖北省境内的58个会馆中，以"山陕会馆"为主体

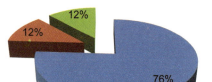

湖北境内会馆名称统计

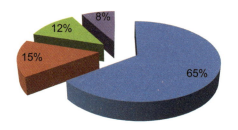

河北境内会馆名称统计

1 民国《芜湖县志》卷十三。

2 刘文锋：《山陕商人与梆子戏》，北京文化艺术出版社1996年版。

的共有44个。河北省共有26个会馆，其中"山西会馆"有17个，另有"太谷会馆"、"晋鹿会馆"、"三晋会馆"等，也都是山西商人独立创建的。由以上论述以及数据可以看出，山陕会馆名称的变更与山西、陕西商人在各地区的商业贸易活动息息相关，即随着时间和空间变化，山陕商人在各地区的势力发展与兴衰可直接反映于山陕会馆名称的变更中。

值得一提的是，在目前统计的637个山陕会馆中，有259个山陕会馆是有别称的，有的甚至有两个或两个以上的别称，也就是说，超过四成的山陕会馆拥有多个名字。而在所有的山陕会馆正式或常用的名称中，有27个以"庙"命名，这27个以"庙"命名的会馆分布于各个省份，其中以山西境内的居多，共有五个，这也是由于关羽本是山西人，山西人对关帝的崇拜比其他地区更甚的缘故。同时，在所有有别称的259个会馆中，有103个会馆用"庙"命名，如"关帝庙"、"关爷庙"、"财神庙"等。在这103个别称中，又有80个别称为"关帝庙"。由此可以看出，将近半数的山陕会馆均有别名，而别名大多为"关帝庙"。在山陕会馆的相关研究中，这些数据将"庙"与"馆"的距离就此拉近，而非属于两个毫无关联的中国各代建筑类别，这也就是本书研究的主题之一。

2. 从"庙"到"馆"，从"馆"到"市"

在有关辽宁海城山西会馆的历史中，有这样的记载："关岳庙又称武庙，在城西门外大街路北。正殿三楹，后殿五楹，大门三楹，钟楼、鼓楼各一。路南乐楼一座，清康熙二十一年（1682）知县郑绣建。后屡经晋商捐资修建，作为山西会馆。"[1] 可见，辽宁海城的山西会馆原本就是关帝庙。而在调查与研究中发现，这是一个极其普遍的现象，也就是很多山陕会馆的前身是关帝庙。再如甘肃省张掖山西会馆，原本是位于张掖市小南街的关帝庙。清雍正八年（1730），在张掖经商的山西商人赵世贵、赵继禹、张朝枢等人发动山西商人共同集资，将关帝庙进行改建扩建并改名为"山西会馆"。还有很多会馆和关帝庙是并存的，其关帝庙作为会馆的一部分。例如山东泰安的山西会馆就分为东西两院，东院为关庙，西院为会馆，既各自孤立又相互连通。有很多庙宇转换到会馆也是在历史的不断变换中自然而然发生的，例如徐州的山西会馆即是如此。在顺治年间，这里原有关圣殿，供奉关公大帝。顺治以后，关公殿被改为相山神祠，祭祀伏魔帝君、祝融、河伯等。旅居徐州的山西同

1　《海城县志》。

乡常于岁时伏腊[1]在此聚会。乾隆七年（1742），山西同乡集资扩建相山神祠，并改为山西会馆，重新祭拜关帝庙，后又进行了几次大规模重修扩建。此外，还有更多的会馆尽管不具"庙"之名，但大多祭拜关公，在建筑群中的重要建筑单体[2]中设关公塑像，定期祭拜。这也就可以解释为何大多山陕会馆与关帝庙有着极度相似的建筑形制，也才有了把关帝庙与山陕会馆共同研究的可能。下面论述山陕会馆是如何从关帝庙发展而来的。

首先，是经济因素。自古以来修建建筑都是费财费力的事情，对于到异地经商的山陕商人来说，兴建会馆更需要一笔很大的开销。虽山陕商人从大范围的平均水平来说，算得上实力雄厚。但是由于各行业、各地域商贾财力相对不均，或者因为初期经商资金周转不济，便就地取材，将原来的庙宇进行修复利用，以适应需要会馆这一组织形式的迫切要求。也有一些关帝庙因为当地政府无力出资修缮保养，山西商人便集资以财力支持，使得关帝庙逐渐转化为山陕会馆。

其次，是传统的人神崇拜思想。在明清两代，封建社会虽已达到鼎盛时期，但还是存在各种社会制度不健全的现象。此外，在封建社会中生产力极度落后的情况下，人们在社会中缺乏基本保障，对自然、社会及自身认识不够，便将希望寄托于神灵的庇护以寻求心理上的慰藉，由此产生人神崇拜思想。乾隆时期，关羽被封为"三界伏魔大帝"。在民间，关羽被誉为能给人带来金钱财路的财神爷。同时，更重要的是，关羽本为山西人，山西商人选择关帝庙改建或扩建为山西会馆合情合理。也有一些行业会馆祭拜其他神灵，如西安的药材会馆供奉的是药王孙思邈，但仅是作为行业神灵，有一定局限性。而祭拜关公，在山陕会馆中存在普遍性。

再次，将关帝庙作为山陕会馆的前身，并一直沿用关帝庙这一名称，对于经商也有非常重要的意义。关羽以"忠义"著称，在明万历年间，被封"协天护国忠义大帝"。崇拜关帝的山西商人深知经商讲诚信是在异地立足之根本，是得以长远发展的良策。另外，"桃园三结义"的故事家喻户晓，讲义气并互帮互助这一精神一直鼓励着来自山西陕西各地的商人团结互助。所以，和关帝庙有关的精神文化层面，与会馆设立的初衷不谋而合。

最后，借庙为馆是为了突破建筑等级制度限制。封建社会对各阶层建房的式

---

1 古代两种祭祀的名称，日期分别在夏天的伏日与冬天的腊月。

2 如大殿、拜殿等，视会馆规模而定。而无论建筑规模大与小，祭拜关公的建筑单体是建筑群体中的重要组成部分。

样、规格有严格的规定。明清时期，根据官民住宅居住者的官品及身份的等级差别，房屋的屋顶样式、构件规模以及细部雕刻也有明显的等级差异。洪武二十六年（1393），官员营造房屋，不许歇山转角、重檐重拱及彩绘藻井。对单体房屋构件也有规定，每个厅堂规模不能超过三间五架，否则以违法处置。明代初期，还有规定禁止官民房屋雕刻古代帝后圣贤人物。另外，对观、庙建制也有规定："（庙）南向，庙门一间，左右门各一，正门三间，前殿三间，殿外御碑亭二，东西庑各三间，东庑南燎炉一，庑北斋室各三间，后殿五间，东西庑及燎炉与前殿同，东为祭品库，西为治牲间，各三间，正殿覆黄琉璃瓦，余为筒瓦。"[1]庙祭制在明中叶，平民获得了修庙祭祖的权利，为他们利用建庙扩大建房规模、提升建房等级提供了机会。所以，山陕会馆以庙、观命名，便可以突破建筑样式上的等级限制，也为建筑高屋华构、富丽堂皇的会馆提供了可能。

关帝庙成为山陕会馆，而山陕会馆也继承了关帝庙的全部内涵与功能。由于关公是商人们的财神爷，是陕西和山西商人共同的乡土神[2]等多种原因，更多新建的山陕会馆一般也都祭祀关公。可以说，在关帝庙变成了山陕会馆的同时，更多的山陕会馆变成了关帝庙。关帝庙与山陕会馆的相互融合与转化推动了之后山陕会馆发生的另一个变化——从"庙"到"市"。

河南周口山陕会馆门前有一个在周口地区很有名的牲畜市场，占地约15亩。该会馆在庙内开设许多商业店铺，希望人们在瞻拜关帝之余，顺便可以逛逛市场，以增加经济来源。河南社旗山陕会馆也是如此，当时建造时，在用地已经十分紧张的情况下，建筑群体仍自街面后退数米，为的是为临街的商铺留有余地，这一格局使会馆成为当地的商业中心，时至今日依旧保持着此格局。

山陕会馆的市场化进程可以从陕西与青海以及河南山陕会馆的变化中得到印证。每年农历五月十三日关帝诞辰，会馆均举行大型庙会活动，成为定期集市。记载中还有多个这样转化为市场的山陕会馆或关帝庙，比如周口关帝庙，每年关帝诞辰日都举办大型庙会活动，塞外商贾云集，交易量很大。另有西安长乐坊山西会馆，每年的关帝诞辰，城内不少剧院借会馆戏楼演戏，大商小贩云集，成为当地有名的经贸活动中心。

---

1 《清会典》。

2 关羽出生于山西，改姓于陕西。

社旗山陕会馆门前的集市

四、山陕会馆的分类与分布

1. 山陕会馆的分类

会馆这一建筑类型的研究较其他中国古代建筑类别起步较晚，在会馆存在的数量这一客观数据上尚且存在极大分歧，在会馆的分类这一主观归类上更是众说纷纭。而山陕会馆以庞大的覆盖面和数量涵盖了各类型的会馆，也就是说，会馆的分类可以完全体现于山陕会馆的分类。在目前山陕会馆研究成果中，不同的分类标准产生不同的结果。山陕会馆从大类上可分为商业经济类和政治文化类，资料统计中，位于北京的山陕会馆往往属于政治文化类，而其他地区的山陕会馆则多以商业盈利为主要目的，属于商业经济类。也可以从山陕会馆的名称上简单直接地将会馆分类，例如一些带有州县名称的会馆，属于同乡会馆，而一些带有行业名称的会馆，则可归为行业会馆。事实上，以上两种分类方式其实还是基于会馆的功能。按照山陕会馆使用中的各项职能，这里将山陕会馆划分为四大类别：同乡会馆、行业会馆、士绅会馆、科举会馆。因为大部分的山陕会馆都含有两种或两种以上的功能，所以这里的分类并非互相完全独立。

（1）同乡会馆

同乡会馆可以定义为身处异地的同籍人士建造的会馆。早期的同乡会馆职能比较简单，以联络乡谊、互通声息、扶持乡友、抵御外来的侵扰为主。随着会馆形式的兴盛，会馆在社会生活中扮演的角色也日趋复杂，成为当时民间主要的社会组织形式之一。据记载，"各省人士，设馆舍以为联络乡谊之地，谓之'会馆'，或省设一所，或府设一所，或县设一所，大都视各地官、商之多寡贫富而建筑之，大小规模凡有不等。"[1] 由此可见，设置"同乡会馆"在当时已成为一种风气。

同乡会馆也称作"移民会馆"，移民包括生活移民和商业移民，在不同地域、不同时期，这两种移民的比重和表现形式各有不同。[2] 历史上，由于政府强令，人口不均衡，战争、自然灾害等影响，人口的迁徙出现多次高潮。而山西、陕西人向

---

1 清人徐珂记述说。

2 有关巴蜀移民会馆可参见赵逵：《"湖广填四川"移民通道上的会馆研究》，东南大学出版社2012年版。

外移民，大多属于商业移民。这些长年在外经商的商人的生活需要往往又依赖于山陕会馆，故山陕会馆中的同乡会馆很多。从广义的角度而言，山西人和陕西人分别建立的会馆都可以归类为同乡会馆。不过，"乡"的概念也有大有小，无论这一"乡"的概念有多大或是有多小，无论是大到数省，还是小到一镇，都是人们可接受的"乡"的概念。正如窦季良先生所说，乡土从来就没有绝对的界限，这样同乡会馆的概念就更为广泛了。

这些山陕会馆中，大多祭拜关公，同时发扬着关公的忠义精神，同乡之间互相扶持、互相帮助。在其他同乡会馆中，也存在着同样的祭拜文化。例如，湖广会馆往往祭拜禹王，所以常常也被称为"禹王宫"；江西会馆往往被称为"万寿宫"，常常祭拜"许真人"[1]；广东会馆祭拜的是六祖慧能[2]，也被称为"南华宫"。故大多数地区的同乡会馆都有各自的祭拜对象，虽然其他类别的会馆也有祭拜功能，但是同乡会馆的功能更加侧重于同乡同叙思乡之情，同样的祭拜对象成为他们的精神依托。因而相对于其他会馆的祭拜对象，山陕会馆所祭拜的关公在当时乃至现代具有更高的威望和更大的影响力。

（2）行业会馆

行业会馆主要是工商界中的同行业者之间为沟通买卖、联络感情、处理商业事务、保障共同利益的需要而设立的。行业会馆也可以称为"工商会馆"或者"商人会馆"。在清代后期，随着中国工商业以及商品经济得到高度发展，全国范围内的长距离贩运贸易兴盛，并且在全国范围内形成十大商帮。由手工业者和商人兴建的工商会馆数量多、分布广、规模大，成为会馆的主体。行业会馆有两种形态，一为官商共建会馆，另一为纯粹的商人会馆。

官商共建的行业会馆即会馆的修建、经营、管理等有官绅和商人的共同介入。传统"士农工商"的社会结构中，士商之间泾渭分明。而明清之际的士商关系却有着超越传统的嬗变，出现了"士商渗透"的现象。明清时期，官与商的互相渗透使得官商之间严格的界限变得模糊。官商共建的形成有两个方向的作用力：首先，在京师或省会城市，商人以其商业资本为服务于官绅和科举的会馆捐资并提供便利，以此来实现商人资本向官绅、科举会馆的渗透，并依仗官绅的影响来提高自己的社会地位，寻求政治上的庇护，反映了商人对封建官府的依附和投靠；同时，士绅会馆、

---

1 许逊，字敬之，俗称许真人、许真君。江西人的守护神。

2 慧能（638—713），俗姓卢氏，唐代岭南新州（今广东新兴县）人。

科举会馆接纳实力雄厚的商人资金来维持经营。其次，一些行业会馆，也邀请在此任职的同乡官员加入，以期凭借其政治声望，领导和团结同乡，为本乡谋福利和实施管理。据统计，在北京就有88个山陕会馆，这些会馆中的很多都是官商共建，如位于北京五道街的三原会馆就是三原县士商所建，位于烂缦胡同的宁羌会馆由宁羌县士商所建，同样位于烂缦胡同的汉中会馆由汉中县士商所建。

纯粹的商人会馆即由商人独立出资兴建的服务于同籍商人的会馆，无官绅势力的介入。明清时期全国商品经济得到高度发展，商人实力的增强，传统"重农轻商"观念的改变，使得商人经济地位和社会地位全面提升。山陕会馆的绝大多数都属于纯粹的商人会馆。在明清山陕会馆中，由手工业者和商人兴建的工商会馆数量多、分布广、规模大，成为山陕会馆的主体。崛起于明代中叶，借助"开中法"发展起来的山西商帮和陕西商帮，通过经营粮、棉、布、盐、茶、药、钱等行业，迅速在清代发展到鼎盛时期，并且以西部为依托，延伸到北部内蒙古、西北甘肃、青海、新疆、四川，东北辽宁，东南广东，南到江浙，东到山东，再则北京、天津、河北、河南、湖北、湖南等地，而以上列举的各地都存在着大量山陕会馆，四川自贡就有一座精美绝伦的西秦会馆。可以说，山陕商人的兴起、发展，很大程度上促进了行业会馆的进一步兴建和繁荣。

（3）士绅会馆

士绅会馆主要由寓居京师的官员倡建或捐建。在社会阶层中，无论财力还是政治影响力，都是会馆存在和发展的前提，士绅建会馆的可能性非常大。原因有二，首先，兴建会馆需要的资金决非普通百姓所能支付，而士绅则可因地制宜，根据财力多少，或出资新建，或捐宅为馆，也可利用影响力和威望在同乡中筹措资金。其次，居京官员也可运用自己的政治地位和声望为同乡人提供庇护并实施管理，保证本乡会馆免受外人干涉。因此，士绅会馆是明清时期会馆的早期形式。随后的科举会馆、行业会馆都是在士绅会馆的示范或士绅的直接参与下兴建起来的。在士绅会馆建立起来以后，随着各地流寓北京人口的增多，流寓人群的成份亦复杂多样，出于为同乡谋福利的目的，士绅会馆随后已不再是单纯的官员聚会场所，而是更多具备了服务于科举和商业的功能。如最早的安徽芜湖的山陕会馆就是士绅会馆。起初为官员聚会场所，后转为服务于科举，兼具科举会馆的功能。由此可见，山陕会馆的建筑类别不仅界线模糊，还存在着动态的互相转化。

（4）科举会馆

科举会馆主要是指为参与科举考试的人们提供生活便利的会馆。明清时依然沿

自贡西秦会馆精美的山门

用前朝的科举制度选拔官吏，所以在举行乡试的各省省城及会试和殿试的北京聚集了大量科举士子。尤其是每逢大比之年，全省或全国参加考试的士子纷纷云集省城或京师，造成住房紧缺，食宿困难，一些当地人趁机抬高物价。而一般进京赶考的贫寒子弟负担不起高额的旅店费用，路途上已舟车劳顿省吃俭用，迫切企盼解决到京后的住宿问题，只好依傍同乡京官。同时，在京任职的官员希望自己同乡子弟科举及第以便入朝为官，于是开始把士绅会馆逐渐转化为安顿来京应试子弟的场所，服务于科举的会馆便应运而生。这种以接待举子考试为主的会馆，有的就叫做"试馆"。如果说起初的士绅会馆仅为同籍官僚宴饮娱乐的场所，那么其后逐渐体现宴饮娱乐与服务科举结合的优势，有更多的同乡子弟入朝为官，就可拉拢更多人以便自身在官场上立足。官绅们不仅出资另建专门的科举会馆，还将原有的士绅会馆改造为科举会馆，如其中的一些官员每逢春秋两季搬出会馆，为同乡应试举子提供住所、食宿之便利，以至于北京的会馆后期几乎都有服务于科举的功能。另外，不仅在北京存在着大量的科举会馆，一些省会城市的会馆中也有科举会馆，但专门服务于科举的会馆不多，大多为行业会馆兼具服务于科举的功能。如建于山东省济南的山陕会馆、江苏省苏州的全晋会馆等。据统计，寓居江苏淮扬地区的山陕盐商通过商籍参加当地考试中进士的共36人，其中当地考生才31人。在淮扬山陕人科举入仕的过程中，流寓考生人数竟多于当地考生，说明扬州的山陕会馆起了重要作用。

再次重申的是，以上所讲的构成明清山陕会

馆的分类之间并无绝对明晰的界限。出现这样的情况，从根本上说，与各类会馆间相互交错的特性及山陕会馆的"同乡会"性质有关，同乡籍性是各类会馆兴建的基础。士绅会馆也罢，科举会馆也罢，抑或是行业会馆、移民会馆也罢，都是在同乡籍基础上的分群体的联合。正是基于这样的原因，才形成了明清山陕会馆间相互联合、彼此渗透的局面。

2. 山陕会馆的分布

关帝庙和山陕会馆的考察研究工作目前还在继续进行中，正如前文研究背景中所陈述的，各经济史学家、戏曲学家、建筑史学者们为关帝庙和山陕会馆的数量和现存状况的统计作出了卓越的贡献，另外还有一些晋商后代，以及摄影爱好者也深入到县地级市去寻访关帝庙和山陕会馆，推动了对山陕会馆建筑的个体研究。笔者将这些相关资料整合起来，统计出了到目前为止较为全面完整的山陕会馆总体数据。

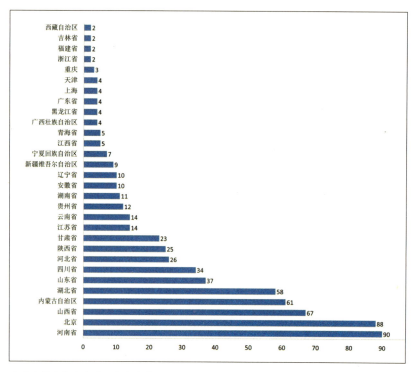

山陕会馆在各省市地区分布统计

　　截至目前，全国范围的山陕会馆共有637个，这些会馆名称各不相同，细分起来达200多个，其中一些会馆还有两个或两个以上的名字。这600多个山陕会馆存在于全国各个省份、自治区、直辖市，包括安徽、福建、甘肃、广东、贵州、河北、河南、黑龙江、湖北、湖南、吉林、江苏、江西、辽宁、青海、山东、山西、陕西、四川、云南、浙江21个省，广西壮族自治区、内蒙古自治区、宁夏回族自治区、西藏自治区、新疆维吾尔自治区5个自治区以及北京、天津、上海、重庆4个直辖市。其中河南省内的山陕会馆数量最多，达90个之多，其次是北京市，有88个，而山西省内部也有67个。除了河南省、北京市、山西省，数量在50个以上的还有内蒙古自治区和湖北省。

　　这些会馆有的分布于明清时期商贸重镇，如汉口、洛阳、开封等，还有一些分布于处于交通要道的乡镇，如社旗、亳州等，另外还有一些分布于地势或者河流险峻处，商人路经此地可稍作停留，如鹿泉、泰安等。就具体位置而言，山陕会馆常设于区域的中心商贸区域或者重要的商贸街巷中。这600多个山陕会馆中建筑年代主要在明代、清代和民国时期，有资料表明，始建于明代的山陕会馆有22个，始建于清代的有513个，始建于民国时期的有15个，其余山陕会馆的始建年代待考。这些会馆的创建者中，有的是商贾，有的是商绅[1]，有的是士商。但是这三者之间也没有明确的界限。从范围上来说，始建这些山陕会馆的商人有的是来自同省同县同行业，也有的来自同省异县同行业，更多的是来自不同省份不同行业的商人。而这些山陕会馆中只有少部分完整地保留下来，这一部分大多经过了数次的修缮；另有一些山陕会馆建筑群体中保留了部分建筑单体，这其中有很多已经破损不堪急待修缮；还有一些只存有一些碑刻和文字记录，而实体的建筑已经毁于火灾、战乱或者被人为破坏。以上是对山陕会馆总体数据的总结。

　　要研究和探讨山陕会馆在全国范围内的分布特点，就必须将山陕会馆放置于街巷、村落乃至区域性范围的宏观环境中，换句话说，就是中国古代，何地会出现人群、出现建筑，才得以不断地扩张与发展形成现在的城市、县城和村庄。首先是要从人的社会关系开始入手，人的社会关系可以分为血缘关系、地缘[2]关系和业缘[3]关系。目前，血缘型村落得到了学者们的普遍认同，它也是中国古代村落中最为常

1　通过捐纳或捐输等途径，在地方获得权威和民众认可的商人为商绅。

2　地缘，即以共同或相近地理空间（环境）引发的特殊亲近关系，如同乡关系和邻居关系等。

3　业缘，即以曾经存在或正存在的职业、事业等原因引发的经常交往而产生的特殊亲近关系。

见的形式。而业缘型村落的说法却并不常见。业缘型村落往往是以商业为基础的村落。但凡形成一定规模的村落除了民居之外，还有相当于我们今天所说的"公共建筑"范畴的建筑，而由于等级没有达到官式建筑，往往在中国古代建筑分类中被忽略。这类建筑包含了祠堂和会馆，血缘型村落往往存在祠堂，而业缘型村落往往存在着会馆。而会馆的建立是依靠同乡，也就是"地缘"关系。所以，会馆的布局特点在根本上是由人的社会关系所决定的。

与山陕会馆最为相关的是商业业缘型聚落，而大多曾有着繁荣的商业贸易的业缘型聚落往往与水路、陆路交通有千丝万缕的联系，这点在会馆的分布中体现得相当充分。在对山陕会馆的地理位置进行研究之后，发现了它们分布的特点。

有的山陕会馆建立于人口集中、交通便利、商业发达、规模庞大的重镇，这些重镇往往是商人往来于各地的必经之地。如江苏徐州山陕会馆就出于徐州这个"五省通衢"之地。早在清代，山西商人就看中了徐州优越的地理位置，在此经营药材、布匹、茶叶等商品。而徐州至今也是全国重要的交通枢纽城市，华东地区的门户城市，江苏省第二大城市。拥有现存规模最大的山陕会馆的河南社旗也曾是一座历史悠久的商业古镇，地处南北九省交通要道，是当年福建茶叶北上的必经之地，记载有云："地属水陆之冲，商贾辐辏，而山陕之人为多。"[1]足以说明在社旗出现如此辉煌的一座山陕会馆是在情理之中。河南半扎存有一处残损的山陕会馆，半扎自古是"南通楚粤，西接秦晋"的商道，南来北往的客商络绎不绝。

有的山陕会馆则是临近水上交通要道。如北京三家店山西会馆位于北京市门头沟的永定河畔，旧时三家店村是通往西山大道的起点。河北张家口太谷会馆位于张家口这一塞北重镇，历来为边塞门户，是汉蒙两民族互市之要地。安徽著名的山陕会馆，又称"花戏楼"，位于安徽亳州的涡河南岸。涡河是淮河第二大支流，淮北平原区河道，亳州出于涡河流域中段。涡河如今是一条并无名气的河流，但是在古代，涡河历来是豫、皖间水运交通要道。山陕商人沿涡河经商，到亳州停留，便在此建立了山陕会馆。而后，由于上游引黄灌溉而带来的大量泥沙未作沉沙处理等原因，使涡河干流河道淤积，排水能力大为降低，涡河的重要地位就此削弱。山东的大汶口山西会馆位于泰安县大汶口村，著名的大汶口遗址就在此。大汶河东西贯穿，将遗址分为南北两片。大汶河是黄河在山东的唯一支流，可以毫不夸张地说，大汶河是山东泰安地区的"母亲河"，它孕育和滋养了大汶口文化。而如今这条

---

1 《南阳赊旗山陕会馆旗杆记》碑文。

河的河沙开采率已超过50%，河将不河，已尽失其古时风采。山东阳谷县有两座会馆，一座位于阿城镇，黄河、金堤河流经镇东南部，而小运河[1]贯穿全境。另一山西会馆则位于张秋镇，紧邻京杭大运河[2]，张秋伴随着运河漕运的繁盛而迅速发展成当时的重要商埠。同时因京杭大运河繁荣起来的还有位于京杭运河西岸的山东聊城，位于京杭大运河东航段的东平县，而这两地都建有会馆，不同的是前者的山陕会馆保留完整，而后者的山西会馆则毁于20世纪60年代的一场大火，只留下资料史实。河南省淅川县荆紫关同样也是水陆交通重地，荆紫关面临丹江，背负群山，地势险要，为"西接秦川，南通鄂渚"[3]之交通要塞。河南邓州一座山陕会馆位于汲滩镇，紧靠湍河，又是赵河入湍处，是邓州货运集散地，自古商业繁荣。

更多的包含有山陕会馆的业缘型村落出于河流交汇处，如南阳也有山陕会馆，南阳处于长江、淮河、黄河三大水系交汇地带，其水运航程为"中国古代南北天然水运航线上最长盛者"。河南周口处于沙河、颍河、贾鲁河交汇之地，三岸鼎立，古为漕运重地，布局和武汉相似，素有"小武汉"之称，周口现有保留基本完整的山陕会馆。河南舞阳县中部的山陕会馆位于北舞渡镇，此镇北靠沙河，西有灰河，南有泥河，三河环抱，同样为漕运重地。

还有一些山陕会馆位于大型山体要道。河北鹿泉的晋鹿会馆位于"太行八陉"[4]之一的井陉东口，是山西通往京、津、鲁以及东北地区的门户和要津，也是商品物资出山、进山的集散地。山东泰安的山西会馆坐落于泰安天门坊盘山路起步处。

产生这样布局特点的原因归纳为以下几点：首先，山西、陕西商人作为中国古代实力最为雄厚的商人，在全国范围内的商业重镇布置和建立商业据点，在此地修建规模宏大的建筑意在扎根于此地，以便商贸的不断延续和发展。其次，在一些地势平坦的商业路线中转站建造山陕会馆，是为了安顿长途跋涉的商旅，为他们提供生活上的便利。再次，在地势险要的地点建造山陕会馆，是为商旅提供物资补给，以便为他们日后在险峻的地势中跋山涉水提供便利。

---

1 即历史上的会通河。

2 大运河贯通海河、黄河、淮河、长江、钱塘江五大水系，全长约1794公里，开凿到现在已有2500多年历史。

3 秦川泛指今陕西、甘肃的秦岭以北平原地带。鄂渚指今湖北鄂州一带。

4 太行山中多东西向横谷（陉），著名的有军都陉、蒲阴陉、飞狐陉、井陉、滏口陉、白陉、太行陉、轵关陉等，古称太行八陉，即古代晋冀豫三省穿越太行山相互往来的八条咽喉通道，是三省边界的重要军事关隘所在之地。

五、山陕会馆的功能与特征

1. 山陕会馆的功能

在前文中，谈到有关山陕会馆的起源和发展，已经可以逐步明晰山陕会馆的主要功能，但是缺乏系统的梳理。谈到有关山陕会馆的功能，在发现的资料史实中就有相当多的记载，"联乡谊、报神恩、诚义举"可以说是对山陕会馆的基本认知，而随着研究的不断深入和发展，本书将从三个方面全面分析山陕会馆的功能，包括经济方面、社会方面、文化方面。山陕会馆这一建筑类别数目之多，范围之广，足以影响个体和群体社会、经济、文化等各个层面，所以每个方面又将细分为个体和群体的两个层面。

（1）经济功能

在前文的分类中可以清楚看出，大部分的山陕会馆是商业会馆，商业贸易的功能是山陕会馆诸多角色中最突出的部分。山陕会馆所承担的经济功能有利于个体商户的利益维护，同时对整个山西、陕西商人这个群体商户来说，也有着重要意义。

① 个体经济功能。如"创建会馆，……以叙乡谊，通商情，安旅故，询为盛举"[1]中所描述，对于个体商户，山陕会馆最重要的功能之一就是"通商情"。"商会之设，原所以联络同业情谊，广通声息。中华商情向称涣散，不过同业争利而已。一人智慧无多，纵能争利亦无几何，不务其大者而为之。若能时相聚议，各抒所见，必能得巧机关……通力合作，以收集思广益之效。……如同业中有重要事宜，尽可由该号将情告知商会董事，派发传单随时定期集议。"[2]可见，山西、陕西商人是从来自不同区域、不同行业的小商贩聚集起来并不断发展，成为一个大的利益团体。清代北京山西票号商人曾这样记载，"一人智慧无多，纵能争利商无几何……若能相聚议，各抒己见，必能得巧机关，以获犀利"。由此可见，山陕会馆建筑群体中出现的各式殿堂就是商贩们聚集起来议事的场所。山西、陕西商人在历史上创造的商业辉煌印迹离不开山陕会馆这个承载社团行组织的建筑。

---

1 《重修山陕会馆碑记》。

2 在山西票号章程中的描述。

② 群体经济功能。山陕会馆的群体经济功能包括以下两个方面：

首先是对商品经济行为的约束。明清时期，封建社会制度制约社会经济发展，再加之政府各项管理规范并不健全。在利益驱使之下，商品的生产和流通的自发性和盲目性逐渐体现出来。在各行业中，出现了不正当竞争行为，扰乱市场秩序，而官府的放任政策无法抑制这种市场混乱。于是，西商团体依靠山陕会馆保护西商团体利益，一致抵抗外籍商人的不正当商业行为。这些规定涉及商业行为中的很多细节，例如，河南社旗山陕会馆有规定："称足十六两，等以天平为则，庶乎较准均匀者，公平无私，俱各遵依。"[1]河南舞阳山陕会馆有规定："买卖不得论堆，必须邀亲过秤，违者罚银五十两；不得在门外拦路会客，任客投至。"[2]

其次是对商品经济行为的仲裁。除了要通过制定一些规范抵制山陕商人与其他省籍商人的矛盾，山陕会馆还需要协调山陕商人的内部矛盾，对他们在商业行为中产生的利益纠纷进行仲裁。例如，河南社旗山陕会馆就有规定，行规由"各行商会同集头等齐集关帝庙公议"[3]。另外，山陕会馆还有别的地方的商人加入，例如在光绪年间甘肃商人加入开封山陕会馆，形成山陕甘会馆。还有重庆的八省会馆，包含了山西、陕西、广东、浙江、福建、湖广、江西等各地商人，而会馆的角色更像一个容器，将所有的来自不同行业、不同地域的商人收纳起来，使得他们能和谐共存，实现利益共赢的目标。

（2）社会功能

山陕会馆所承载的社会功能其实是山陕商人除了商业活动之外，作为社会个体和群体的其他方面的最基本的心理和生理需要。总体来说，山陕会馆对于社会的贡献在于完善了社会保障事业，并维护了社会的平衡发展，填补了明清时期因为时代和条件限制而让社会保障事业处于较低水平的缺憾。

① 个体社会功能。山陕会馆的社会功能对于个体来说，有几个方面的帮助，首先，为商旅养老善终提供了处所。山陕商旅大多长年久居在外地，又因交通落后而不能返回家乡。山陕会馆解决了商旅的后顾之忧，从而有更多的山陕商人加入到山陕会馆这个社会团体中。其次，由山陕会馆最初的建立起源来看，还具有助学济困的功能。商人在追求经济利益的基础上，为了提高自身政治地位，给予科举学子

1《同行商贾公议戥秤定规矩》碑文。

2 河南舞阳山陕会馆碑文。

3《同行商贾公议戥秤定规矩》碑文。

经济资助，资助包括很多方面，例如特别辅导、开办私塾、提供食宿等。清道光年间，山陕会馆创建人出资兴办了所谓"四大义学"[1]，同治七年（1868）以后，私塾进一步发展。他们对子弟的教育，除四书之外，还学习珠算、五七言千家诗、《幼学琼林》、《尺牍》等。再次，还给予有特定经济困难的人提供帮助，这些困难包括待业、破产、周转不济等问题。可以说，随着山陕会馆的不断发展，山陕会馆在社会生活中扮演了越来越重要的角色，在鼎盛时期，甚至还超越了地缘与业缘的限制，对外籍流寓人员和士子官宦也提供了生活各方面的帮助，可以说成为当时社会公益慈善事业的场所。

② 群体社会功能。山陕会馆维护了大量个体商人的利益，并且解决了大量流寓人口的生活问题，从宏观的角度来说就是维护了社会秩序的安定，弥补了当时明清政府的管理空缺。具体来说有这样几个方面的社会作用，首先，山陕会馆运用了因地域性特征而具有的亲和力和凝聚力，成为联络广大西商的强有力的纽带。将流寓人口团结起来，让商旅们改变颠沛流离、居无定所的局面，从心理和生理上给予依托。其次，山陕会馆整合了社会财富和资源，以产生更大的群体经济利益，这也是当时封建社会的巨大进步。更重要的是山陕会馆在社会的平衡发展中起到了重要作用，成为社会运行体系中的重要环节。从这一点来说，相对于其他的建筑类别，如民居、庙宇、宫殿、府衙等，具有更加重大的社会意义。

（3）文化功能

文化功能是虚无的，但也是最本质的。山陕会馆的文化功能主要体现在两个方面：戏曲和供奉。与建筑层面相关的也就是几乎所有的山陕会馆都有不可或缺的两个组成部分，包括戏台和拜殿[2]。而本书的重点就在于探讨山陕会馆与建筑文化的渊源，这里从功能的角度进行简单描述。

① 个体文化功能。山陕会馆对个体文化的功能主要是对个体精神层面的影响。会馆能够形成的根本原因是基于商旅的思乡这一情感需要，是可以承载乡土亲缘的物质表现。一方面，商旅为了能够听到乡音，定期聚集于山陕会馆听戏曲和看戏剧。另一方面，商旅将对故乡思念之情寄托于对关帝的崇拜，而这两者之间又是密不可分的，因为"演戏"本身就是"酬神"活动中的一项。从本质上来讲，也是基于山陕商人精神层面的需求。

---

1 旧时免费教育的学校，也称"义塾"。

2 有时可以是大殿，这里泛指供奉关帝的殿堂。

② 群体文化功能。追溯到中国整个封建社会历史中，山西、陕西是不缺乏文化底蕴的地方。从戏曲的角度来说，山西被称为"戏曲之乡"，在全国的300多个剧种中，山西就占了六分之一，最著名的是山西的四大梆子戏：晋剧、蒲剧、北路梆子和上党梆子。山陕会馆承载了山西深厚的戏曲文化，将其播撒到全国各地。如晋剧，主要流布于山西中、北部及陕西、内蒙古和河北的部分地区，这种发扬和提升与晋商的直接参与不无关系，和山陕会馆的戏台更是有着千丝万缕的联系。另外，关羽在山陕会馆未出现以前只能算得上乡土之神，随后被山陕商人奉为"财神"，成为商人们供奉的行业神。在明代，关羽的地位只不过和人间帝王平起平坐。而到了清代，关羽有着与皇帝公管天上人间诸事相一致的至高无上的权威。至此，对关公的祭祀已经从乡土观念上升为国家观念。各省商人祭拜的神灵各种各样，而唯有山陕会馆祭拜的神灵达到了这一高度，这也和山陕商人雄厚的经济实力、山陕会馆强有力的号召力，以及官场背景不无关系。也就是随着山陕会馆的不断壮大，对关帝的崇拜也不断传播开来。同时，对关帝的崇拜也促进了山陕商人的商业发展，两者之间有着相辅相成的关系。

2. 山陕会馆的特征

从追溯山陕会馆的起源与产生，细数发展与演变，再到罗列山陕会馆的分类与分布，归纳山陕会馆的功能，最后从宏观的角度对山陕会馆的特征进行总结，主要是为了将山陕会馆作为一个整体，对其构成、形态、内涵三个方面进行总结。

（1）山陕会馆性质的统一性与多样性

相对于其他建筑类别来说，学者对会馆的研究起步较晚，对山陕会馆这一特定研究对象也处于比较初级的阶段。很多史学家、经济学家一直致力于对山陕会馆进行研究，对其性质作一个结论。正如前文所说，鉴于山陕会馆所处的特殊时代背景，即当时的社会、文化、经济氛围，山陕会馆的性质可统一作为一个"利益团体"[1]，其实物载体是山陕会馆建筑，其修建者是山西、陕西等地商人。有关山陕会馆的性质，学者们已基本达成共识。中国古代城市以及建筑的发展过程，遵循的就是一条等级分明、尊卑有序的原则。在封建社会中，会馆是区别于宫殿、府衙、宗教建筑的一个公共性建筑的特例。在这一点上，学者们也基本赞同。

在目前收入统计数据的六百多个山陕会馆中，由于其建筑年代、所建地域、创

---

1 另可称为行会、社团、集团等。

建者和使用者存在差异，在山陕会馆的个体之间，又有多样性这一特征。单从山陕会馆的命名方式，就能直接看到这一点。山陕会馆性质的多样性反映了这一建筑类别在长达数百年的发展历程中产生了适应性的变化，具有高度的研究价值。

（2）山陕会馆构成的秩序性与特殊性

山陕会馆属于公共性建筑，而中国古代公共性建筑的首要特征就是讲究秩序。在山陕会馆的构成中充分地体现了这一特征。山陕会馆与其他很多公共性建筑有着相似的构成方式，这不仅是因为建筑的风格逃离不了时代的大背景，更是因为这些公共性建筑之间没有明确的界限，它们的使用功能会因为时间的推移而产生变化，例如关帝庙和山陕会馆就是这样一组典型的例子。山陕会馆的构成方式在第四章中将有详细的研究和论述。

山陕会馆的构成有其特殊性，相对于其他公共性建筑的特殊性，是由于其使用功能的特殊性而产生的，例如几乎所有的山陕会馆都设有戏台，很多大型的山陕会馆甚至设有多个戏台。山陕会馆形式多样，在山陕会馆个体之间其构成也存在差异。和其他建筑一样，根据建筑所在的地点、气候、环境等诸多影响而产生变化。还有一些社会或者人为因素，例如最典型的影响在于"馆"与"庙"的结合方式。这一部分也会在后文中详细探讨。

（3）内涵的广泛性和指定性

山陕会馆的起源和发展，同样适用于会馆的起源和发展，这说明山陕会馆的内涵具有广泛性。山陕会馆和其他所有会馆一样，有着特质人群文化传统、风俗习性的异化表征，同时包容了雅俗文化、城乡文化、土客文化、海陆文化、中外文化等全方位文化的交融。几乎会馆所有的特征都能在山陕会馆中淋漓尽致地表现出来，并更为强化和明显。

作为规模最庞大、地位最重要的会馆之一，山陕会馆特殊的祭拜文化这一指定性特征非常鲜明。山陕会馆就是因其所归属聚群的传统文化渊源与角色性质的差异性而建构了具有不同于其他建筑、其他公共性建筑、其他会馆的内涵特性。有关山陕会馆内涵的指定性在第三章山陕会馆与文化的讨论中会有更明晰的论述。

第三章

关帝庙、山陕会馆与文化

一、关帝庙、山陕会馆与商帮建构

前文中，阐述了山陕会馆与山陕商人之间互动发展的关系。从社会经济发展的角度来说，会馆的建构与商帮的构建是同步的。"会馆组织的建构和发展，是贩运商人通过'笃乡谊、祀神祇、联嘉会'的文化纽带以及'利'、'义'契合实现群体整合的过程，同时也是商人在自我建构和发展过程中把社群认同和国家象征结合起来的结果。"[1] 下面将通过文化纽带、利义契合两方面来详细论述。

1. 文化纽带

哲学家、社会学家、人类学家、历史学家和语言学家一直努力试图从各自学科的角度来界定文化的概念，但终究没有给"文化"二字一个确切的定义，更没有达成确切的共识。笼统地说，文化是一种长期形成的社会现象和历史现象，是时间和空间的沉积物。具体来说，文化是指一个国家或民族或群体的历史、地理、风土人情、传统习俗、生活方式、文学艺术、行为规范、思维方式、价值观念等[2]的综合。可以说，山陕会馆数百年的发展历程，已经形成了其独特的"会馆文化"，这个文化包含了有关山陕商帮的各个层面。"商帮"这个特殊的群体奠定了会馆文化形成的基石。之所以会如此独立地将商帮的概念提炼出来，是和当时社会背景息息相关的。

对于特定的地方社会来讲，外地来的商旅是一个外来的群体，是本就不属于这个社会的。对于重视宗族血缘关系的中国来说，侨居商人阶级易与当地社会形成隔阂，甚至产生纠纷和冲突。作为商旅群体本身，同处于社会边缘地位的心理让他们互相认同，极力凸显他们的共同身份。于是，就有了"商帮"。通常意义上，能提到"文化"层次的，除了少不了的时间和空间的积淀，所描述的对象往往是国家或者民族，而"商帮"这个群体则可以被定义为一个特殊的"族"群。

---

1 陈炜、史志刚：《地域会馆与商帮建构——明清商人会馆研究》，《乐山师范学院学报》2003年第1期。

2 有关文化的定义参见百度百科。

左图：荆紫关山陕会馆大殿铜钱斗拱局部

属于山陕商帮的独特的会馆文化同时包含了前文所描述的"文化"涵盖的各个层面。首先，商帮与会馆一同丰富了明清时期的历史，特别是辉煌的商业历史。其次，商帮将会馆带到全国各地，对古代地理的考究起到了一定作用。再次，商帮因其在客地的特殊身份，在保留他们原本的风土人情、传统习俗、生活方式、思维方式和价值观念的同时，又受到客地生存环境的影响，这一点在他们所修建的山陕会馆的建筑风格中也大有体现。最后，商帮也同时将他们特有的戏曲文化、祭拜文化传播到各地。由此看来，山陕会馆成为这一会馆文化纽带的载体，是商帮形成其特有文化的见证物。

2. 利义契合

商人经商的目的就在于赚取商业利润，而利润的实现，需要克服诸多障碍，特别是对于在客地的商旅。商人会馆的建构，恰恰迎合了商人的"利"。这里的"义"，指的是公正合宜的道理或举动，是儒家道德的"五常"[1]之一。同一地区或同一行业的商人就在会馆的旗帜下团结起来，凝聚为一个整体，共同面对诸种外部性的障碍，商人们凸现出"义""利"契合的理念，呈现了把商人个人利益和集体利益结合起来的价值取向，形成了对会馆这一媒介和组织的认同。

经济学家梁小民考证有云："晋商的出现是由于山西拥有自己独有而别人离不开的盐，而盐池则成为晋商和中国商业的原始起点。了解晋商要从运城那一片浩瀚的盐池开始，那里是晋商的起点。"[2]在调研过程中，笔者有幸到达了山西运城的盐池，也就是山西商业的起点。盐在中国古代商业中的重要地位也可以由山陕会馆中的一些牌匾看出。如山东阿城的山西会馆大门两边分别嵌有两块方石，上面刻着"运司会馆"。运司是清政府在阿城设的专理盐务的盐运使署的简称。在通过盐业形成的资本积累以后，山陕商人扩大了经营范围，这一切也是围绕山陕会馆展开的。例如，在河南平顶山地处中原腹地、豫西山地与黄淮平原的交接地带，自然条件优越，物产极其丰富，交通非常便利，自古就是南北、东西商品贸易的中转枢纽。到了明清时期，平顶山境域的区位优势更为善于经商谋富的山西、陕西两省商人所重视，他们几乎垄断了钱庄、当铺、丝绸、烟酒、粮食、干果、杂货、药材、茶叶等生意。在同一城镇经商的山陕商人，为了联络感情，互助互济，筹划义举，

---

1 "五常"即仁、义、礼、智、信。

2 梁小民：《小民话晋商》，北京大学出版社2007年版。

山西运城盐池

沟通商情，共谋商利，大多成立商会，推举会首，共捐经费，建立会馆。明清两代山陕商人在平顶山境域建起的山陕会馆有十四五座。进入清末，社会动荡，商业萧条，山陕商人相继离开河南回乡避难。保存到今天的仅剩两座，一座是半扎山陕会馆，一座是郏县山陕会馆。

为了实现"义""利"的契合，以会馆为依托的商业行帮在分割商贸范围、规范经营方式、控制商品零售价格、协同行内商人利益等方面制定了许多行规。这些规定除了包括一些对经济行为的控制，还包含了对商帮内个人言行的规范。商帮健全的组织、严谨的号规和行之有效的管理办法更是令人惊叹。据记载，各商号、票号对可能发生的陋习劣迹都有成文的规定。如宿娼纳妾、酗酒赌博、吸食鸦片、接眷外出、擅自开店、投机取巧、私自放贷、买空卖空、款借亲友、懈怠号事、涣散无为、苟且偷安等等，都在严禁之列。违者当依规处罚，直至开除。这样，贩运商的行帮化，对于原来发散性的商人经营来说，是一种制度的创新。这种制度创新是有重要经济意义的，因为在商帮内部形成了社会网络、信任和规范，这是商人群体整合的一大进步。由此可以看出，对"利"与"义"的平衡是西商商帮能持续兴旺数百年不衰的原因。

二、关帝庙、山陕会馆与关帝崇拜

在以山陕会馆为对象的调研中，笔者察觉到有相当一部分的山陕会馆的别称为关帝庙，这一特殊现象引起笔者研究的兴趣。作为建筑学者，"会馆"和"庙"从来都是不能混淆的两个建筑类别。虽然"会馆"还处于不能被归于建筑大类的尴尬境地，但是"庙"的宗教色彩已经深深烙印在建筑历史研究学者头脑中。针对这种特殊现象，笔者对山陕会馆这一群体的名称和别称进行了统计和分析。首先是对所有的会馆名称作出统计分析，在637个统计在内的会馆中，有84%的会馆直接用"馆"来命名，其余16%的会馆大半采用"庙"的命名方式，如"山陕庙"、"关帝庙"、"关爷庙"等，这样命名的会馆有27个之多，这些会馆全部供奉的是关羽。在637个会馆中，有259个会馆是有别称的，约占总比例的三分之一。在这些有别称的会馆中，40%用"庙"作为别称，数量为103个，还有一些用"馆"作为别称，大多为"东会馆"、"西会馆"等。另外用"行"作为别称的大多是与会馆商人所属的行业有关，所以直接用行业名作为别称，如"车店行会"、"成衣行会"。从这里不难看出，以"庙"作为名称或者别称的山陕会馆占有相当的比例，出现这一现象的原因就是山

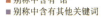

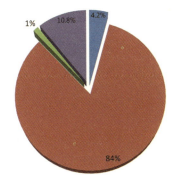
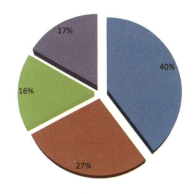

山陕会馆命名方式分类比例统计   山陕会馆别称命名方式分类比例统计

陕商人对关帝的崇拜。前文中已经在山陕会馆的发展历程中提到"庙"与"馆"的关系，本节将从关帝崇拜文化的角度，分三个方面分别展开论述。

1. 关帝崇拜文化的起源

中国数千年的文明发展，形成了独特的哲学思想体系。其中，以孔子为代表的儒家学说在伦理道德领域是最为典型的中国哲学思想体系的一部分。关公文化属于伦理型文化，也是儒家文化的一部分。关公文化是自宋代以来中国封建社会中思想、道德、宗教、政治等多方面因素相互作用形成的结果。

其实，对关帝庙的研究相对于会馆来说是较为全面和系统的，因为关帝庙被归纳为宗教建筑或者祭祀性建筑，这些类别是被普遍认可的。在关帝庙的相关研究中有这样的描述，关帝庙是一种祭祀性建筑，是用来奉祀蜀汉昭烈帝刘备的忠臣关羽的祠庙。历史上各地的关帝庙有多种称谓，常见的有关庙、关帝庙、关圣庙、缪侯庙[1]、显烈庙、忠义庙、老爷庙等，也有称关帝庙为"寺"或者"宫"。在明清时期，关公崇拜空前高涨，使得关帝庙的建设达到一定的规模和程度，这其中的根本原因其实是山陕会馆的发展和壮大。

笔者将从明清时期的社会经济背景，来重点说明关帝崇拜文化之所以在此时蔓延的原因。首先，在中国古代的封建社会中，在自然经济占主体的社会里，个人改造世界的力量还很微小，许多不确定因素使人们常会陷入极大困境，常处在希望和

---

1 源于唐人郎君胄赞颂关羽的诗句《壮缪侯庙别友人》。

恐惧的摇摆之中，他们盼望神灵给他们带来机遇躲避灾祸。特别是在山西这样土地贫瘠、物产缺乏的地区，人们更加依赖于自然环境和条件。这种对自然环境的恐惧心理和寄托于神灵的封建思想是关帝崇拜文化的最本质的起源。

其次，明清时期出现了资本经济的萌芽，在早期市场经济条件下，面对利益机制刺激下的不正当竞争行为，神灵又成为束缚人们行为的力量。人们既希望神灵给自己带来机遇，所谓"吉星高照"，又盼望神灵能够去恶扬善，抑制不规范不道德行为，维系市场机制下人们心理机制的平衡。因而，人们常把违背伦理道德的行为视为"人神共愤"，以"三尺之上有神明"来召唤正常的市场行为。由此，人们寄希望于神灵惩恶扬善的心理，推动了关帝崇拜文化。

再次，宗教信仰贯穿于中国历史。在民众心目中，天地生土，土生万物。土地是一切幸福的源泉，在乡土之上的家乡是生命延续的空间，而关帝就是乡土神。对山陕商旅来说，对乡土神的祭祀会使同一乡土的人群产生认同感、归属感以及荣誉感，形成比较稳定的心理构架，成为凝聚同一乡土人群的精神纽带。

另外，政治因素也促成了关帝崇拜文化在明清时期的蓬勃发展。一方面，山陕商人从政府政策中获得机遇，取得官府的认可和批准，进行盐业贸易，之后扩展开来，有了原始的资本积累，也就有了将关帝庙改建和扩建为山陕会馆的资金。另外一方面，由于关帝崇拜热潮的迅速扩张，政府在鼓励这种祭祀方式的同时，多次对关帝进行加封。因此，很多关帝庙和山陕会馆的规模与精致程度完全可以和宫殿媲美。解州关帝庙建筑群占地面积约为7.3万平方米，也就是这样一座专门用于祭祀的建筑群规模竟然超越了沈阳故宫宫殿建筑的规模，这在现代社会中是难以想象的。

其实，关帝崇拜文化在宋代早已兴起，到了清代达到鼎盛。而在山陕会馆中的关帝崇拜文化不同于之前，其带有浓重的商业色彩。"会馆而有庙，有庙而春秋祭祀，遵行典礼者……皆仰赖天后尊神显庇，俾使时时往来利益，舟顺而人安也。……更仰赖关圣尊神灵裕，俾使家家通达义理，心一而力同也。"[1]这说明商人祭祀神灵是为了往返利益，舟顺人安，崇拜关公更是为了使同籍商人通达义理，商务世俗目的直白了然。

在明清以前，关羽早已是全民祭拜的对象，而为何独是山陕会馆将关帝崇拜文化发扬光大。笔者认为这两者之间的纽带来源于山西运城以及山西运城的盐经济文化。原因如下：运城是关羽的诞生地，是他青年时代生活的地方，之后他在荆

---

1 《泉漳会馆兴修碑记》。

州立下政绩，后南征北战，直到在当阳就义。[1] 可以说，关羽在山西运城的时间并不算很长，也没有很多有史实的丰功伟绩。然而山西运城民间却流传了很多有关关羽的故事和传说，这些故事和传说世代流传，形成浓厚的关帝崇拜氛围。而山西运城又是一个极为特殊的地方，它是中国历史上重要的盐务专城，这里从唐代以前就开始依靠天日晒盐的办法产盐，到了宋代，运城盐池制盐技术进一步发展和完善，食盐产量大大提高。从宋代到明代"垦畦浇晒法"几经波折，而到了清代，食盐生产形成了完整科学的生产方法，产量大大提高。山西商人从盐业贸易中获取了大量利润，开始沿着贩运盐的商业线路在全国范围拓展各行各业的商业贸易，这样，也就把对关帝的崇拜传播到了全国各地，由此将全国推向了关帝崇拜的热潮。

2. 关帝崇拜文化的形式

关帝崇拜文化作为中国民族文化的一部分，与整个文化传统有着不可分割的历史联系。和中国其他传统文化一样，关帝崇拜文化蕴含着丰富的内容，这些内容通过各种各样的形式表现出来，包含了物质和非物质两方面的因素。具体说来，在物质文化方面包含了建筑、牌匾、碑刻等，在非物质文化方面包括了制度、习俗、心态等。

（1）物质文化形式

首先，物质文化包含了建筑与建筑细部装饰。山陕会馆是关帝庙建筑实体的直接传承，在形制和风格上与关帝庙如出一辙。例如，在开封的山陕甘会馆照壁沿界面上就写有"圣地"二字，而在照壁的内墙面上写着"忠义仁勇"四字，关帝崇拜文化由此体现得淋漓尽致。而位于社旗山陕会馆最南面的是琉璃照壁，壁面以彩色琉璃砖镶嵌而成，面北立面正上方为四个金色大字"义冠古今"，为会馆敬奉关公开宗明义。辕门北侧各建三间马厩，塑有关公的"赤兔马"，充分体现了建筑中的关帝崇拜文化。关帝崇拜文化还影响了建筑的单体，比如很多山陕会馆都有春秋楼，这个名字也来源于楼内关公夜读《春秋》的神像。另外，在建筑细部装饰上也有所体现。装饰雕刻题材中往往以关羽生平事迹为场景展现。在供奉关羽的大殿里往往还会写上"供奉忠义神武关圣大帝君之神位"。在社旗山陕会馆供奉关帝的龛阁前放置雕花神案，上面有锡铸香炉一尊，香筒一对，蜡台一对，右角有一个铁铸钵钟，两侧放置金瓜、钥斧、朝天镫等全副帝王仪仗，后置黄罗伞，可惜龛阁在"文

---

1 参见《中国地方志·三晋史志文化》。

上图：开封山陕甘会馆照壁外立面

下图：开封山陕甘会馆照壁内墙上的题字

革"中被毁。再如，四川自贡西秦会馆建筑中的"二十四孝"砖雕，河南山陕甘会馆建筑正殿屋顶悬鱼上写的"公平交易"、"义中取财"等，都反映了商人深受关公影响的伦理道德观念。

除了建筑等相关物质文化，还有大量的碑刻也休现了关帝崇拜文化。在社旗山陕会馆现存碑刻九块中，四块记载了山陕会馆的建筑及集资情况。其中的《创建春秋楼碑记》阐明了春秋楼的名字就来源于关羽读《春秋》。在会馆中还有一些碑刻，如《同行商贾公议戥称定规矩》、《公议杂货行规》、《过载行差务碑》等详细记载了会馆中的商业规则和奖惩制度，可以从侧面体现关公的忠义、诚信精神。可体现关帝崇拜文化的物质还有很多，可以说这些物质文化作为载体，大大丰富了关帝崇拜文化的内涵，也留下了可供世人考察研究的基础资料。

（2）非物质文化形式

涉及关公的制度文化属于关公崇拜文化中的非物质文化形式，包括庙制和祀典两个部分。在西周，周公创立了一套体系完整、等级严格的宗法制度，其中就包含有关公宗庙制度和祀典制度。庙制对于庙建筑的建造有明确的规定："南向、庙门一间，左右门各一，正门三间，前殿三间，殿外御碑亭二，东西庑各三间，东庑南燎炉一，庑北斋室各三间，后殿五间。东西庑及燎炉与前殿同，东为祭品库，西为治牲间，各三间，正殿覆黄琉璃瓦，余为简瓦。"[1] 短短几十字，可以说对庙建筑的结构、功能、材料都作了明确规定，在关帝庙向山陕会馆演化的过程中，并非完全依照上述所说的标准，山陕商人将建筑作了适应性的改善。至于祀典，各朝代都有明确严格的制度，清政府尤为典型，他们以此作为维系封建王朝长治久安的精神支柱。而对关帝的祭祀则是祀典中非常重要的一环。到清朝时，这种制度已经非常完善和成熟。

关公的祭祀其实分为官祀和民祀，上文提到的祀典属于官祀，而民祀也就是有关关帝的民间习俗。在各地都有独立的风俗，如在山西运城，在祭祀时间和祭品等细节上与其他地区相比都有所差异，并且相较于其他地区，运城地区的民祀更为盛行，"每岁四月八日，传帝于是日受封，远近男女，皆刲击羊豕，伐鼓啸旗，俳优巫觋，舞燕娱悦。秦、晋、燕、齐、汴、卫之人肩摩毂击，相与试枪棒、校拳勇，倾动半天下。"[2] 这种风俗在运城地区直到今天还有保留。

---

1 《清会典》。

2 《关帝圣迹图志全集》。

由于对关羽的崇拜已经达到了全民动员的地步，所以关公崇拜文化成为一种大众化的、世俗化的文化。最深层次的文化体现在关羽的思想、道德和精神，深深影响了百姓的行为。毫不夸张地说，他的"忠、义、仁、智、信、礼、勇"的精神深深影响了我国古代封建社会后期整个社会的生存和发展。

3. 关帝崇拜文化的内涵

这里所要讨论的关帝崇拜文化的内涵事实上并不是广泛意义上的文化内涵，而是针对从关帝庙到山陕会馆的传承和演化过程所进行的文化内涵的探究。有关关帝崇拜的普通意义上的文化内涵是隶属于宗和庙体系下的文化内涵，而这里所进行的探讨，是在特定的社会环境和历史背景之下的。

首先，关帝崇拜文化恰好迎合了封建统治阶级的需要，以及统治阶级的正统思想。特别是康熙和乾隆两位皇帝出于同化汉人、巩固清王朝统治地位的目的而推崇关公，各地官府自然趋之若鹜。可以说，商业发展离不开各地官府的保护与支持，而宗教信仰更是离不开官府的保护和支持。山陕商人把山陕会馆建成敬奉关公的庙宇自然得到各地官府的大力支持，同时，规模庞大如宫殿建筑的关帝庙和山陕会馆也成为接待官人等的重要场所。在关帝崇拜文化融入了社会主流的同时，商业活动也自此融入了主流社会。

其次，关帝崇拜文化极大提升了山陕会馆的精神高度。会馆的建造者们以供奉关公为宗旨，巧妙地创造了一个鼎盛的儒佛道结合的道德教育场景，把炎黄子孙的绘画雕刻艺术运用得潇洒而精妙。关帝崇拜文化让商业活动从被排斥的状态，发展到被社会认同和接纳的程度。

最后，关帝崇拜文化满足了山陕商帮的心理和行为需求。笔者在前文中论述山陕会馆的功能时对此观点已经有所提及。对关帝共同的崇拜是商帮的信仰纽带和精神支柱。商人们在经营活动中经常会遇到各种困难、疾病甚至灾祸，虽然求助于神灵并不能解决实际问题，但是这种行为能从心理上给予商人们慰藉。在商言商，商人这个群体比起普通的社会群体更具功利心。从某种意义上说，从关帝庙到山陕会馆的演化过程，与关帝从"乡土神"到"财神"的演化过程是同步的。这一点足以说明关帝崇拜文化在明清时期，在商业贸易迅速发展的时期已经产生了变化，从功利的角度弥补了山陕商帮的心理和行为需要。

第四章

从关帝庙到山陕会馆的传承

　　中国传统建筑经历了几千年的发展演变，呈现出丰富多彩的表现形式。关帝庙属于庙宇建筑，俗称"武庙"，与祭拜孔子而修建的文庙相对应，是纪念性公共建筑。而山陕会馆暂没有明确的类别，大体上说属于馆舍建筑，但是又完全区别于民居建筑。大部分山陕会馆属于商人使用的公共性建筑。由于历史、社会、经济、文化等原因，这两种不同类别的建筑产生了联系。本章从关帝庙到山陕会馆传承的角度，着重探讨这两个不同类别的建筑类型在各个层次上的共性，为关帝庙和山陕会馆紧密的文化纽带提供证据。从现代建筑设计的角度依次从宏观到微观层层剖析关帝庙与山陕会馆，具体来说，从选址与布局、建筑与构造、装饰与细部三个方面进行详细分析。

一、关帝庙、山陕会馆的选址与布局

　　在第二章中，笔者已经详尽介绍了关帝庙与山陕会馆在历史背景下的演化关系，并且将关帝庙纳入了山陕会馆的整体范畴，对全国的山陕会馆和关帝庙进行了统计，并对它们在全国的分布情况作了简要归纳和概括分析。这里将从更小的范围来探讨关帝庙和山陕会馆在选址和布局特征上的共性及分析产生这种共性的原因。

1. 关帝庙与山陕会馆的选址共性

　　关帝庙与山陕会馆的选址共性是建立在山陕会馆是关帝庙的"衍生物"这一基础之上的。关帝庙作为纪念性祭祀建筑，对于选址颇为慎重，而山陕会馆作为有长期持续实际功用的建筑，在选址上也受到了关帝庙的影响。虽然两种建筑类型因其使用功能的差异，在各个层面互有出入，但是从下文的论述中可以明显看出关帝庙与山陕会馆的选址方式存在这些共性。以下将首先介绍关帝庙的选址特征以及选址时考虑的因素，然后介绍山陕会馆的选址方式，最后将两者的选址方式进行类比并归纳共性。

　　（1）关帝庙建筑的选址

　　关帝庙建筑的选址是十分复杂的，涉及关帝庙建筑所在的区域自然环境和社会

左图：解州关帝庙雀替

人文环境、对关公崇拜文化和精神追求以及中国古代传统的风水理论。以下通过不同地区的关帝庙选址情况进行分类小结，对关帝庙建筑选址特点进行分析，并对影响关帝庙建筑选址的原因进行解析。另外，因为大多数在山西以外的关帝庙多数演化为山陕会馆，而纯粹的关帝庙在山西境内多见，并大量保存完好，所以这里的有关关帝庙建筑选址讨论以山西境内的为主。

关帝庙建筑的分布极其广泛，可以毫不夸张地说，哪里有人祭拜关帝，哪里就有关帝庙。相比起山陕会馆，可能更难寻找到其分布规律。对关帝的祭拜在山西地区最为盛行，所以在山西的关帝庙更多。关帝庙建筑遍布了府、郡、县和村落，还有在一些守城重地。需要说明的是，这里讨论的其实是广泛意义上的关帝庙，排除了关帝庙后来演化成山陕会馆的因素。

在各府、郡、县中都建有关帝庙，主要是便于官府进行祭拜活动。在山西的省府太原市拥有数量最多、规模最大的关帝庙。明清之际的太原城，庙寺观庵，不下百余座，据记载："关帝庙在城共有二十七座。"[1]其中规模最大的，建筑最宏伟的就是庙前街大关帝庙。这里是省级各级官吏祭祀关羽的地方，自然是处于省城中最重要的地段。此关帝庙位于庙前街，也因为这座关帝庙的存在，让整个街区更加繁华热闹。

在村落中的关帝庙数量较多，但规模和形制远不及在府城的关帝庙。这里的关帝庙建筑充当了村民对关帝崇拜的载体，是一种独特的充满了神灵性质的建筑并大多由村民集资兴建。由于这样的关帝庙功能较为单一，并充满了信仰崇拜的色彩，在风水方面也考虑较多。村落中的关帝庙往往位于村落中最重要的地点，在关帝庙周边形成村落中的中心公共活动空间，例如村落的出入口，或者村落的中心地带，也有一些关帝庙建在山水胜境，也就是俗称的风水宝地。一方面，关帝庙的选址是村落中最重要的决策，要经过诸多因素的考虑，另一方面，村落中关帝庙的建成也对村落本身产生巨大影响。在山西沁水县的西文兴村有一座典型的村落关帝庙建筑，该关帝庙始建年代不详，于明代重修，而今保存下来的是清代建筑。西文兴村关帝庙建筑规模较小，但是同西文兴村其他建筑体量比较，可以说是规模较大的建筑了。该建筑位于西文兴村村口最显眼处，以此显示出重要地位。还有一处典型的关帝庙是山西阳泉的关王庙，这座建筑位于白泉乡林里村玉泉山间，建筑周边是典型的风水格局。建筑位于半山腰上，这里树木浓郁，环境清幽，关帝庙建于此成为

1　《阳曲县志》。

融入环境的一道风景。比起建在府城的关王庙，村落中的选址相对自由，优势即体现在白泉乡林里村关帝庙这样的选址上。

另外，还有一部分关帝庙建筑并非在一些省府或者自然村落，而是在城门子城和瓮城之中，这一点在山西关帝庙中颇为常见。这是一种特殊的关帝庙选址方式。他们是希望关公显灵保护作战旗开得胜。在平遥古城墙上东门瓮城内有一座小型的关帝庙。这样的关帝庙并不多见，但是因其特殊性仍然被认为是关帝庙一种重要的存在形态。

纪念性建筑通常是供人凭吊、瞻仰的特殊建筑或者构筑物。关帝庙建筑与其他的纪念性建筑一样，具有极强的祭拜目的性，大多不提供作为人们生活使用的内部空间，强调的是创造纪念性氛围。关公祭拜的活动包含了纪念、祭祀、弘扬等内容，故影响关帝庙建筑选址的因素也与这些内容直接相关。

由于对关羽的纪念是关帝庙建筑的主要目的，关帝庙建筑大多选择建在与关羽生平事迹有关联的地方，如关羽的故乡、关羽埋葬之地、关羽征战之处，以及传说故事中关羽显圣之地，以寄托人们对其感激之情。这些地方成为修建关帝庙的理想之地也是必然之地。例如，山西运城解州关帝庙是全国范围内最大的关帝庙，其原因是这里是关公的诞生之地，庞大的建筑规模体现了人们对关帝的纪念。其次，祭祀是关帝庙的主要功用，祭祀活动包含有大量的人口流动。在会出现规模较大的祭祀活动的地方，关帝庙往往建在交通便利的街市，而在祭祀活动规模相对较小的地方，关帝庙则可以选址在风景优美、人烟稀少的地方。所以，祭祀的规模也影响了关帝庙的选址。再次，民间流传了很多有关关帝的故事和传说，这些故事和传说教育和引导了世世代代的人，关公精神的弘扬需要通过建筑载体进行传达，所以，关帝庙的选址也倾向于建在重要的公共空间，以便以建筑实体警示或鼓励世人。简单来说，关帝庙的选址方式和建筑本身的纪念性质直接相关。

（2）山陕会馆建筑的选址

在第二章第四节介绍了山陕会馆的分布，建筑的分布决定了建筑所处的大环境。一部分山陕会馆建造在较大的府城中，如开封的山陕甘会馆，洛阳的潞泽会馆等。其他大多建造在交通便利的县、城镇等，如南阳社旗的山陕会馆、舞阳山陕会馆、郏县山陕会馆等。这些会馆多选址在经济繁华的区域。一些州县如今看来规模和繁华程度并不起眼，但从历史的角度来说，情况大相径庭。而选址则决定了山陕会馆所处的具体的小环境，建筑小环境直接影响了会馆的平面布局与空间形式。山陕会馆不同其他建筑甚至其他会馆之处在于，山陕会馆本身存在大量改建、扩建建筑和部分新建建筑，所以决定山陕会馆建筑选址的因素颇为复杂，以下进行分类论述。需要说明的是山陕会馆选址特征较为复杂，这里选取的具体案例以河南省境内的山陕会馆为主。

从前文对山陕会馆的发展历程的表述不难看出，山陕会馆的基本发展历程可以简单概括为：从"庙"到"馆"，从"馆"到"市"。有很多的山陕会馆建筑并非是平地而起，而是在原有建筑的基础上加以改建。这里说到的改建或扩建的山陕会馆的选址实际上是山陕商人如何选择改建或扩建为山陕会馆的对象建筑的问题。山陕商人主要选择关帝庙作为山陕会馆，还有小部分是选择规模庞大的住宅作为山陕会馆。其实，山陕商人作为全国范围内实力最为雄厚的商帮在资金上要集资建起山陕会馆并不是一件难事，也有很多新建的山陕会馆是由个别或者几个山陕商人集资建立的，足以见得山陕商人雄厚的经济实力。而选择改建或扩建为山陕会馆的方式，是由多方面原因造成的。首先，要融入异地的社会生存环境是一件难事，在当地选择一座规模庞大的建筑群作为会馆基址无疑是极力融入当地社会的一种暗示，也可以适当弥补身在异地的山陕商人落地为安的心理需求。其次，从时间上来说，直接选择原有建筑作为商帮办公地点是最简单快捷的方法，这对于商人在异地立即开展商业活动有所帮助。再次，商人往往精于算计，而勤俭节约也是山陕商人能长盛不衰的原因之一，借庙为馆和借宅为馆的方式符合山陕商人的经商作风。

借庙为馆，在庙宇的基础上改建而成，是商人突破馆舍建筑身份限制的智慧表现。中国古代封建统治阶级对馆舍建筑规模的严格控制导致山陕商人另谋此路，关帝庙属于纪念性建筑，不受到建筑规模的严格控制。另外，关帝庙祭拜的是关公，基于山西人和陕西人对关公的特殊感情，借庙为馆更是满足山陕商人的心理需求。例如河南沁阳的山陕会馆，就是在八府寺的基础上改建而成。据《沁阳县志》记载："八府寺，在西关祭祀关公，今改为山陕会馆并祀关公。"改建为山陕会馆后继续延续祭拜活动。另外，对于商人延续祭拜活动这一行为原因，在沁阳山陕会馆内的碑刻上也有明确说明，"商贾抑去父母之帮，营利于千里之外，身与家相暌，财与命相关，祈灾患之消除，惟仰赖神明之福佑，故竭力崇奉。"[1]在历史的不断推进中，河南沁阳山陕会馆也产生了从馆到市的演化，"每年九月有大会，百货灿陈，商贾鳞集"，其县令倪进明写诗记叙当日的交易盛况是"千年广厦群回廊，百货喧陈大会场；自惜祠基传水府，于今庙貌壮西商；摊钱估客居成肆，入市游人浆列

---

1 《重修关帝庙碑记》。

行；最是城西逢九月，开棚九日醉梨殇"。[1]这种演化产生也是由于对关帝崇拜而有
的定期庙会，和之后山陕会馆的商业性质结合而产生的结果。

借宅为馆也是一种典型的山陕会馆创立的模式。以河南境内的山陕会馆为例，河
南的山陕商人流寓异乡，借地生财，聚金购宅为会馆建设的一般途径，而所购宅院一
般为当地名宅。开封的山陕甘会馆，其原地为明代开国元勋中山王徐达的裔孙奉命
修建的徐府旧址。虽然徐府基址并不宽阔，但各种商贩云集于此，实为贸易最繁华
之地。到清朝中期，随着社会的稳定、经济的复苏，开封作为河南省的首府，也呈
现出繁荣的景象，商贸往来频繁。嘉庆年间旅汴的山陕商人选择徐府修建山陕会馆
"接檐香亭五间，旁购西庑，前起歌楼，外设山门，庙貌赫奕，规模宏敞，每逢圣
诞，山陕商民奉祭惟谨"。[2]这样的选择皆因徐府的地理位置适中，其东北为布政使
司衙门，其西为按察使司衙门，其东为专管黄河的河务道台衙门，利于与各官府联
系。开封山陕会馆后有甘肃商人加入，故最终成为山陕甘会馆。还有借宅为馆的典
型建筑是山东聊城山陕会馆，有记载表明"聊摄为漕运通衢，南来客舶络绎不
绝，以吾乡之商贩者云集，而太汾两府尤多。自国初康熙间来者肩相摩，踵相
接，桥寓旅社几不能容。议立公所，谋之于众，捐厘醵金，购旧家宅一区，因其址
而葺修之，号曰'太汾公所'。"[3]太汾公所是山陕会馆的前身，后来山陕商人多得
连太汾公所也不能容纳了，山陕会馆就不断扩建，最后改名了。

除了借庙为馆，借宅为馆，还有一部分山陕会馆是专门新建的，例如河南省
洛阳山陕会馆。洛阳山陕会馆的选址位于洛阳市九都路南侧（原老城南关马市东
街），南临洛河，靠近洛阳老城南关的水旱码头，这个码头是牛羊骡马、布粮药
材、干果山货等商品的集散地，位于商业极度繁荣的南关凤化街、贴廓巷、校场
街、菜市街之中。另外，在河南周口，山陕商人先后在沙河的南岸与北岸都建立了
会馆，而沙河是当时主要的水上交通要道。还值得一提的是，社旗山陕会馆位于河
南南阳社旗镇中心，南对当年最繁华的瓷器街，北靠五魁场街，商人云集，东邻永
庆街，西伴绿布场街。过去这里水陆交通发达，南船北马，是南北九省过往的要
道和货物集散地。社旗镇共有72条街巷簇拥，景象繁荣。当时，秦晋两省富商大
贾，为了叙乡谊，通商情，皆是商人接官迎仕，祭神求财，集资建造了这座会馆。可以

---

1 《沁阳县志》。

2 宋伦：《论明清山陕会馆的创立及其特点——以工商会馆为例》，《晋阳学刊》2004年第1期。

3 李弼臣：《旧米市街太汾公所碑》。

说比起前两种建立山陕会馆的方式，新建的山陕会馆更加注重建筑周边的环境对商业的利益。

不管是借庙为馆、借宅为馆，还是新建山陕会馆，可以看到，建筑所在基址的交通情况，是山陕商人首要考虑的问题。山陕商帮在选择山陕会馆的基址上除了考虑交通问题对于商业的需要，更是为了联络到更多同乡加入到这个商业团体中来。

（3）关帝庙与山陕会馆的选址类比

关帝庙和山陕会馆紧密的传承和演化关系，使得关帝庙和山陕会馆在建筑的各个层面都存在共性，在选址上尤其体现得明显。首先，关帝庙和山陕会馆的选址都经过了群体的慎重决定。因为比起中国古代社会中大量存在的民居建筑，关帝庙和山陕会馆的规模都较大。不仅是在现代社会，在古代，建造大型建筑也是耗费精力、体力和财力的事情。再加上关帝庙是有关群体信仰的精神建筑，而山陕会馆是有关山陕商帮这一群体信仰的精神建筑，如此，建筑的选址更成为建筑建造初期的首要事情。其次，关帝庙和山陕会馆的选址均需要考虑交通问题。关帝庙和山陕会馆建筑因为承担了巨大的人流压力，其大多数建筑都需要建在交通便利的地方。关帝庙选址考虑的是方便祭拜者，特别是官府祭拜者的出行便利，而山陕会馆的选址主要是考虑商业贸易的贩运便利。在古代社会中，水上交通是交通体系中的重要组成部分，所以新建的山陕会馆更倾向于靠近重要江、河、湖的地方，而关帝庙的选址则不用考虑这一点。值得一提的是，明清时期是关帝庙和山陕会馆发展的鼎盛时期，在这一时期，关帝庙和山陕会馆的发展合二为一，关帝崇拜文化作为纽带将两者联系起来。具体来说，山陕商帮选择了关帝庙中地理条件优越、建筑规模较大的部分改建为山陕会馆，所以山陕会馆的选址在某种程度上说就相当于部分省府中关帝庙的选择问题。另外，由于新建的山陕会馆大多是山西、陕西商人建立，他们也在山陕会馆中祭拜关公，选址时除了考虑到交通问题，也如关帝庙一样，考虑风水等诸多因素。在选址时，还会考虑以后山陕会馆成为新的庙会举办地的环境问题。山陕会馆和关帝庙互相转化的关系在后文论及的建筑布局中体现得更加淋漓尽致。

2. 关帝庙与山陕会馆的布局共性

中国古代建筑体系中的布局有其自身共同特点，关帝庙和山陕会馆作为体系中的一部分，一方面继承了中国古代建筑布局的共性，另一方面，由于关帝庙和山陕会馆的文化纽带联系，彼此也产生了共性。这些共性包含布局的总体特征，以及在空间上的共性。布局总体特征首先表现在其均有中心轴线以及明确的序列感和仪式感；其次它们均以院落为单元体展开，建筑单体围绕院落布置；再次是关于建筑的功能布局，如何在建筑的序列感和院落中铺展开来；另外还有有关建筑的朝向和高差，也就是如何融入周围的环境和地形。建筑布局的空间则按建筑的使用功能分为前导空间、观演空间、祭拜空间和生活空间，这些空间以院落为主体展开，关帝庙和山陕会馆在这些公共空间的功能使用上侧重点略有不同，但总体来说基本保持一致。总而言之，建筑的平面布局离不开建筑所处的环境、建筑的使用功能以及使用者自身的审美喜好，关帝庙和山陕会馆的平面布局完整地体现了这三点。

（1）关帝庙与山陕会馆布局总体特征

从山陕会馆和关帝庙的总体规划看，它们所呈现的都是典型的对称式中国北方传统建筑模式。建筑群体组团明确、疏密有致。建筑的组织、院落的分割、高差的错落以及建筑的形式、院落的面积等无不根据使用的功能进行定位。

在总体上比较山陕会馆和关帝庙的形制是否有共通之处，有学者已经进行过几何学的研究。有学者对山西解县关帝庙总平面图分析后发现它的几何中心在正殿——崇宁殿。[1] 对河南地区山陕会馆总平面进行案例分析后发现，潞泽会馆从院落的四角连线全院的几何中心正好落在月台[2] 的前中部；而从主殿院南面的东西角部连接大殿北部的两角，交点正好落在月台的正中，而开封山陕甘会馆从主殿院落，分别连接角部，牌坊正好位于几何中心，是主殿院的空间分割点。从牌坊的横向轴线分割空间，北部的几何中心恰好落在大殿与卷棚交接的边上。从钟鼓楼到照壁的空间中几何中心则恰好落在戏楼的中心。从以上的几何学分析来看，不难发现，山陕会馆与关帝庙建筑还是有一脉相承的形制，几何中心都落在正殿前后，区别是山陕会馆由于需要容纳大量的人看戏，观演空间面积变大，例如可以容纳大量人群的庭院，几何中心往往落在正殿之前的月台，或者正殿之前的牌坊上。笔者认为，这样的几何学分析即便是无法分析出工匠们当时建造建筑时的布局比例尺度，但还是可以从大的角度把握住建筑的比例尺度，并抓住山陕会馆和关帝庙建筑相似的精髓。

● 轴线

大型的中国古建筑大多崇尚序列感和仪式感。建筑群往往有明确的主轴线，主

---

1 分析方法参见傅熹年：《中国古代城市规划、建筑群布局及建筑设计方法研究》，中国建筑工业出版社2001年版。

2 用于露天祭祀活动。

轴线上的建筑一般为最重要的建筑，而分居轴线两侧的大型的建筑与轴线上的建筑一起形成院落。这一点也体现在山陕会馆建筑群的总体布局上，几乎所有的山陕会馆都是中轴线设计。有中轴线的建筑一般有戏楼、拜殿、春秋楼等，根据建筑的规模而言，在中轴线上还可能存在照壁、牌楼等。例如，建筑规模较小的开封山陕会馆在中轴线上建造主要建筑，如照壁、戏楼、牌楼、拜殿和春秋楼等。从开封山陕会馆平面图中可以看出，除了在最北端被现代建筑填补的办公区之外，其建筑保持严格的对称格局。还有洛阳山陕会馆中轴线上的建筑有照壁、山门、舞楼、大殿、拜殿。建筑规模较大的社旗山陕会馆中轴线上的建筑有照壁、悬鉴楼、石牌坊、大拜殿、春秋楼。自贡西秦会馆中轴线上的建筑有武圣宫大门、献计楼、参天阁、中殿和祭殿。

　　从上述列举中不难看出，这些山陕会馆的轴线上都存在不可缺少的建筑。首先，不能缺少戏楼，但是各山陕会馆对戏楼的叫法有所差别，例如在洛阳山陕会馆中，戏楼被称为舞楼；在社旗山陕会馆中，戏楼被称为悬鉴楼；

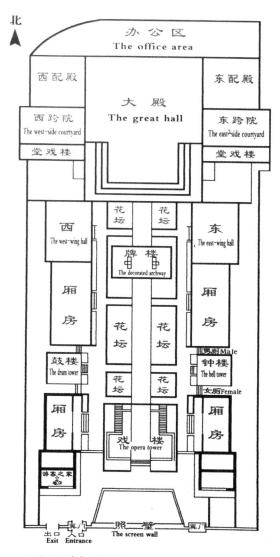

开封山陕甘会馆平面图

在自贡西秦会馆中，戏楼则被称为献计楼。这些戏楼之所以被冠以名字，而不是简单的称之为戏楼，是因为这些戏楼比起普通的戏台，在建筑体量上较大，建筑空间结构也较为复杂，建筑细部的做工和装饰也相当考究。由此可见戏楼在山陕会馆中的重要地位。其次，在各山陕会馆中，最主要的建筑为大殿和拜殿。大殿有时又叫正殿，拜殿有时也叫祭殿。还有一种情况是将大殿和拜殿合二为一，称为大拜殿。在社旗山陕会馆的中轴线上就存在大拜殿。

　　大部分的山陕会馆还是继承了北方建筑特有的照壁，并在照壁上加以精美的雕刻装饰，它的重要性大多数情况下超过山门。另外，在中轴线上常出现的建筑还有春秋楼，往往处在轴线的尽端。

　　山西运城解州关帝庙建筑规模比起前面所列举的山陕会馆都要大得多，同样是中轴线建筑，只是这一中轴线更长一些。在中轴线上自南向北依次有照壁、端门、雉门、午门、山海钟灵坊、御书楼和崇宁殿。两侧是钟鼓楼、大义参天坊、精忠贯日坊、追风伯祠。后部以气肃千秋坊、春秋楼为中心，左右有刀楼、印楼对称而立。[1] 雉门后部的台阶上是戏台，铺上台板即可演戏，相当于山陕会馆里的戏楼。崇宁殿是建筑群中体量最大、最重要的建筑，相当于大殿或者正殿。如此一来，解州关帝庙含有前文所述的山陕会馆必不可少的轴线建筑，包括了照壁、戏楼、大殿、春秋楼。所以，从某种意义上来说，之后建立在其他地区的山陕会馆是以解州关帝庙为范本的布局方式，依据可建建筑群体的规模大小，取舍相关建筑，但是在轴线上的重要建筑几乎出现在所有的山陕会馆中，山陕会馆和关帝庙的渊源如此便一目了然。

　　而这些在中轴线上必须出现的建筑之所以如此重要还是依赖于关帝庙和山陕会馆的功能。首先，由于山陕会馆和关帝庙共同的重要功能就是祭祀。祭祀包含很多内容，戏曲表演也是祭祀的一种，所以基于祭祀和戏曲表演两点功能，戏楼和祭祀的殿堂是必不可少的，而根据祭祀的过程，又将祭祀的殿堂分为大殿、拜殿、春秋楼。其次，虽然两者的功能都含有祭祀，但是侧重点又有所区别。关帝庙是纯粹的祭祀，而山陕会馆除了在特定的日子祭祀以外，其他时间以办公和议事为主，这就能解释两点，一是解州关帝庙的戏台是可以随时转换功能的，在平时的日子只是作为过厅，而在特定的祭祀日则可以搭台用以献祭，这个戏曲表演主要是给关帝观看的。二是山陕会馆的戏台处于建筑更重要的位置，戏曲表演不是只为祭祀，而是为了娱乐同乡商人，以体现会馆建筑所包含的"既娱神，又娱人"的独特含义，又满足演戏与观戏必须面对面布置的使用要求。戏楼和正殿两个主要建筑恰好形成了会馆建筑的两个核心："行为核心"和"精神核心"。

　　由此可以看出，山陕会馆在继承了关帝庙布局的基础上，根据自身功能需求进行的变化和改进。

● 序列

　　轴线是为了增强建筑的仪式感和序列感，而且在轴线上还讲究先后顺序。除轴线上最重要的建筑之外，其他分居轴线两侧的建筑也有其序列。值得一提的是，很

1　引用于百度百科中对山西运城解州关帝庙介绍。

多山陕会馆规模较大,由原来的一条中轴线发展到两至三条并行的轴线,由中轴线向两边扩展。大多除了轴线上的院落以外,还有两到三个院落组成,有的规模更大的则有着纵横几重院落,戏楼也多至七到八座。最典型的是武汉汉口的山陕会馆建筑群,占地5500平方米,平面布局分东、中、西三跨院落,院落之间用山西民居特有的狭长巷道联系。[1]而东西院落布局形式相对自由,但仍然是以院落为中心轴对称布置。大部分山陕会馆规模无法与上述武汉的会馆相媲美。如:开封山陕甘会馆其平面布局中,中轴线的两侧对称排列翼门、钟鼓楼、配殿、跨院等。整个建筑布局以戏楼、正殿为核心,附属性建筑围绕这两个核心,左右对称布置。东西跨院通过垂花门与主院相通,形成似隔非隔、隔而不断的建筑空间组合。而东西跨院规模较小,整个院落建筑群体的规模比不上仅一个正殿的建筑单体,建筑群体也仅由堂屋和戏楼组成。再如,潞泽会馆建筑群,也呈严格的中轴对称,轴线上依次为戏楼、大殿和后殿。另对称布置厢房、耳房、钟鼓楼和配殿。洛阳山陕会馆其两侧分别有东西掖门、廊房及厢房、配殿等。[2]苏州全晋会馆也属于中等规模的山陕会馆,也分为中、东、西三路。不过规模庞大的南阳社旗山陕会馆却并没有具备两侧跨院,只有一侧跨院为道坊院。由以上列举不难看出,在轴线序列上,以主轴线为最重要,而左右轴线可有可无,根据功能需要进行布置。其次是建筑的序列,除了中轴线的主要建筑以外,还有同样是祭拜其他神灵的建筑,包括马王殿和药王殿,但是显然这些神灵的重要性不比关帝。其他房间包括厢房、耳房和大小配殿也属于附属建筑,根据建筑的规模和使用功能进行排布。

在整体序列感基本保持统一的情况下,建筑单体的位置根据创建者的喜好和审美也有所差别。开封山陕甘会馆与社旗山陕会馆的建筑差异还体现在建筑单体建设位置的不同。例如,开封山陕甘会馆的钟楼、鼓楼设在戏楼北面的东西两侧,钟、鼓二楼相对而建,而社旗山陕会馆的钟楼和鼓楼是与悬鉴楼并排而建,分别位于悬鉴楼的东西两侧,只不过为了让戏楼获得更加多的观赏角度,钟楼和鼓楼退后,让戏台台口能更多地显露出来。其与悬鉴楼共同组建成一个建筑团体。

● 院落

由建筑围合成院落,由院落再结合成建筑,既是中国传统建筑的集中体现,又是中国传统建筑的精髓所在。院落传达的中国传统建筑的精髓表现在以下几点:

---

1 参见潘长学、徐宇甦:《汉口山陕会馆考》,《华中建筑》2003年第4期。

2 参见赵香田、赵明:《中原地区山陕会馆的平面形制与空间特色》,《文物世界》2009年第3期。

上图：开封山陕甘会馆戏楼和钟鼓楼
下图：社旗山陕会馆戏楼和钟鼓楼

首先，院落是中国建筑内向性格的体现，带有防御型和包容性的个性，而山陕会馆所表达的同乡商人"聚集"的情感也可以通过院落传达的空间氛围所表达出来。其次，院落和建筑单体完美结合的室外空间，在山陕会馆中起着极其重要的功能意义，容纳着观看戏曲表演的观众，是除了看楼这种固定观演场所以外的灵活场地。再次，院落有效地组织了功能建筑。山陕会馆形成院落的建筑一般有：戏楼、正殿以及耳楼、客廨、后殿、厢房等，为观戏和日常商议事务而建。不同的院落将不同的功能空间组合起来。从平面布局上来看，大多数山陕会馆沿用了以木构架为主的建筑体系所共有的组织规律。以"间"为单位构成单座建筑，再以单座建筑组成"庭院"，进而以庭院为单位，组成各种形式的组群。各个建筑组群的围合，把整个大院组织成不同的庭院。

建筑单个庭院的设计细节也颇为讲究，首先，以传统的民居围合的方式来说，建筑庭院可简单分为四围合院落和三围合院落，山陕会馆中大部分建筑为四围合建筑，四面围合中与轴线相交的两个面是主要建筑，另外两面为附属配套建筑，最典型的庭院是戏楼与大殿相对，两侧看楼相对，形成最典型的院落格局。山陕会馆建筑中大部分四围合院落的四面围合都是由建筑组成，也有一些四围合院落是由照壁和三面建筑围合而成，如社旗山陕会

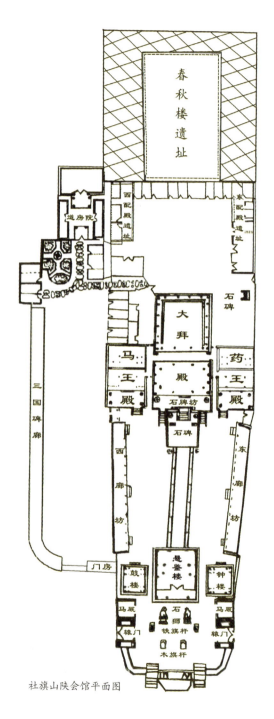

社旗山陕会馆平面图

馆前院的围合方式。以上两种围合方式是山陕会馆建筑中的基本围合方式。其次，有关山陕会馆庭院的规模和尺度，主要取决于建筑的选址、功能和单体建筑的大小，根据相关规定对建筑的间距和间数加以限定，构成了庭院每个面尺度。一般说来，在建筑群体里的几个院落中，面对戏楼的院落是最大的，社旗山陕会馆的庭院号称"万人庭院"，据记载可容纳一万人同时观看表演。这样的庭院往往被称为"池院"，与现代剧场中的"池座"相对应。再次，是庭院的比例，现代戏剧院的观众厅平面长宽比在1.4～1.8：1之间，这种形式能够保证两边池座的视角。大部分的山陕会馆院落为纵长方形，长宽比在1.3～1.8：1左右，符合现代戏剧院最佳观赏角度。由此可以看出，千年以前的古人已经对观演空间的比例尺度有了精准的研究。另外，庭院中的摆设各自有所讲究，以观演的庭院而言，庭院基本上呈硬质铺地，以视野开阔为主要特点，符合庭院的使用功能。中轴线上的铺地材质与场地中的其他地方铺设石板的方式有所不同，主要为祭祀而用，强调中轴线上的仪式感。而另外的庭院中，一些非以观演为功能的庭院中，往往以绿化为主，体现中国古代建筑理论中让建筑融入环境的主要思想。选择种树的种类和当地气候相关，不过，在很多山陕会馆的院内往往有古柏一株。选用此树种主要是古人认为柏树可以避邪，是源于对树的崇拜。这也是封建迷信思想中的一种，上古有所谓"柏王"，"柏王"上有神灵存在。山东泰安的山西会馆院内就有古柏一株，枝干扭曲盘旋，似龙飞凤舞，号称"汉柏第一"。以上是对有关山陕会馆庭院中设计细节的总结和归纳，下面以几个典型的山陕会馆院落进行详细介绍。

洛阳的潞泽会馆是较小规模的会馆，它的庭院形制可以说是山陕会馆的典型形式。在主要院落中以大殿和悬鉴楼相对，悬鉴楼两侧是辅助耳房和钟鼓楼，而与悬鉴楼相对的是大殿，前有面积较大的月台。院落另外两侧是厢房，一直延伸到后面的院落。后院有祠堂和配殿，院落空间较小。可以看出来有两进院落。洛阳的另一座山陕会馆和潞泽会馆规模差不多，保持了山陕会馆布局中最基本的格局形式。不过这两座会馆在院落尺度上有所差别，与建筑的整体尺度相比较而言，山陕会馆的院落明显大于潞泽会馆的院落尺度，这也是由建筑需要容纳的人数决定的。潞泽会馆是东会馆，原为山西潞安府、泽州府商人所建，是当时潞安、泽州在洛阳的商人聚会之所。而洛阳山陕会馆用于接待整个山陕会馆的商人，可在演出时接纳更多的观演者，因此建筑庭院的大小还是以建筑功能需求决定的。

开封山陕甘会馆庭院为长方形，长宽比达到了2.5：1，但是由于院落中间立有鸡爪牌坊，使其成为有层次、有深度的院落空间。在牌坊前的庭院空间比例尺度符

合观演比例。前文中在山陕会馆的选址中曾经提到，山陕甘会馆是借宅为馆的典型，所以院落空间与潞泽会馆一样也相对狭长。于是在观演效果较差的院落空间中立牌坊，既可以利用富余的院落空间，又可以丰富院落层次。虽然有一些学者认为在大殿门前立牌坊，实际上是阻碍了"神灵"看戏的视线，认为从此点可以看出山陕会馆更重视娱人而不是娱神。笔者认为这样的说法有失偏颇。因为在大殿前立牌坊是关帝庙中经常用到的空间手法。例如，在周口关帝庙大殿前的月台上就立有石牌坊。这样的空间格局是以祭祀的需要为主，而并不考虑神灵观看演出的视线问题。在开封山陕甘会馆院落中的牌坊前立有的香炉就能很好地说明此牌坊在此位置的祭祀功能。

而院落空间最为精彩的非社旗山陕会馆莫属。其建筑体量和规模庞大，但是由于用地比较紧张，因此它是院落组织最紧凑、功能最集中的山陕会馆。建筑群本身是以轴线上三个院落和一个小型院落组成，但是目前仅存的主要为东边的主院落与西边的院落，以及旁边道坊院的小院落。第一进院落较小，主要是入口空间，由马厩、辕门等附属建筑组成。第二进院落是中心院落，主要是面对院落的悬鉴楼和两边的钟楼和鼓楼，以及连成一体的大殿和拜殿，分居两侧的马王殿和药王殿。这个主要院落基本组织起了所有的建筑空间，是山陕会馆院落中的经典类型。

从上述对不同山陕会馆的院落空间分析中不难看出，山陕会馆与普通的馆舍建筑有所区别的是形成院落的建筑空间更加丰富多样。有关观演空间和祭祀空间在后文中将详细叙述。

● **功能**

建筑功能是建筑布局的根本，从中国古代建筑到现代建筑，都始终贯彻这一设计理念。在前文中已经详细地说明了山陕会馆的功能，并从物质和精神两个方面阐明了山陕会馆对于山陕商人的意义。归纳起来，山陕会馆的主要功能只有两个部分，一是观演，二是祭祀。两者之间又有重合的部分，戏曲表演也是祭祀中的一部分。

基于这样的考虑，前文提到的院落组织起这样的功能。这里要另外说明的是在这两个大功能之下的小功能分析。对于观演来说，其实更重要的是建筑将如何容纳表演的人和看表演的人。就像现代的观演建筑一样，提供表演的人除了需要戏台和钟鼓楼，还需要准备的空间，这些功能空间虽然是配套辅助建筑，经常设在戏楼两侧与看楼垂直相交的角落里，故也往往在此处设置楼梯，与看楼共用。有时，这里

左上图：开封山陕甘会馆院落中的牌坊

左下图：周口关帝庙石牌坊

也同时设置相对称的钟楼和鼓楼。而看戏的人需要有遮蔽的看戏空间，这样的空间往往设置在看楼的二层。而一层当门扇全部打开时也可以满足观演需求。看楼的基地高度往往高于观演院落的基地高度，这也是满足观看的视线需求。看楼二层往往为开敞的廊道，可以获得与戏台平齐或更高的观看视角。看楼观演人员的等级显然是要高于院落中露天观演人群。

祭祀的功能布置这里分为几个部分。首先，在重要的殿堂里往往设置关羽像，殿堂的大小规模根据各山陕会馆的祭祀需求有所不同，有时只有大殿一间，有时有大殿和拜殿两个建筑连成一体的祭拜空间，还有抱厅[1]的情况。除了祭祀的建筑本身形态有所差异造成建筑布局的差异之外，还需要提到的是很多山陕会馆并不只祭祀关帝。这种取舍主要来源于投资兴建会馆的主要商人所从事的生意门类的差异。例如，开封山陕甘会馆的神殿区只供奉关帝，而社旗山陕会馆的神殿区另设有药王殿、马王殿，分别供奉药王孙思邈及马王爷塑像。据记载，社旗镇在明清时期所营商品多为药材、生漆、桐油、竹木、凉食、棉花、布匹、茶叶、食盐等，其中以药材、茶叶、木材、布匹、食盐为主。由此看来，山陕会馆祭拜的神灵和各自会馆创建商人所在的行业相关，而关帝是无论从事什么行业的山陕商人都必须祭拜并且是主要祭拜的。

前文在比较关帝庙和山陕会馆的布局中提到，关帝庙和山陕会馆虽然都有祭祀和观演功能，但侧重点略有不同，关帝庙更以祭祀为主要功能，这一点也体现在建筑布局上的灵活变化。例如，从周口关帝庙的平面布局示意中可以看到，在建筑的第一个院落并非为满足观演功能而设，相反在庭院正中是飨殿[2]，飨殿前设有面积较大的月台，上有石牌坊和铁旗杆等构筑物。周围设有不同的其他神灵的配殿，如药王殿、灶君殿、财神殿、酒仙殿，从这些神灵的设置也可以看到关帝庙被世俗化和生活化的一面。而第二进院落才是传统的观演和祭祀的院落，包含了大殿、戏楼以及和春秋楼相连接的拜殿。但这个庭院较小，容纳的人数不多，可以推测出这个戏台的表演是为祭祀服务，是为拜殿里的关帝所演。因此，可以看出，无论是关帝庙还是山陕会馆，建筑的布局都深受建筑功能需要的影响。

除了主要的建筑功能以外，还有其他附属的建筑功能，包括生活功能，也影响了建筑的格局。首先，建筑入口的位置可以因为功能需要有所改变，大部分的山陕

---

1 我国传统庭院式住宅内厅堂正中向外突出的一小房间，与后面的厅堂组成"凸"形平面。

2 祭殿。飨，通"享"，用酒食招待客人，泛指请人受用。

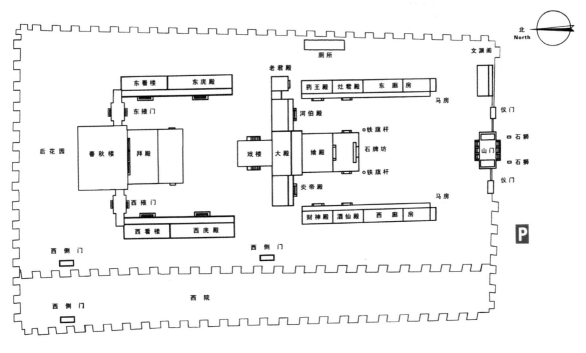

周口关帝庙平面示意图

会馆山门设在中轴线上，常常与戏楼并用。也有一些在山门两侧还加设仪门，平时山门不开启。还有一些情况较为特殊，如大汶口山西会馆，虽然这一建筑目前已经残损，但它的入口位置设在了院落的两侧，为东门和西门，这样一方面由于基址的限制，另一方面也是考虑到观演人员的疏散问题，东门和西门成了建筑单体而不是简单的门而已，体量也较其他建筑的仪门大，说明充分考虑了观演人员的疏散。另外，部分山陕建筑为了给远道而来的同乡提供便利，还建有马厩等附属建筑。比如社旗山陕会馆的入口院落就设有东西辕门和东西马厩等，方便远道而来的山西、陕西同乡安顿下来。另外，建筑中还有一些细节功能的设计如掖门、廊道等，这些小型建筑将大型体量的建筑串联起来，形成无风雨的连续交通系统，在建筑中穿越不会受到雨雪影响。这样的设计要求在现代建筑规范中非常普遍，但是以前的匠人能如此细致地考虑建筑的流线和功能，实在叹为观止。大汶口陕西会馆就有这样的门道设置。

● 朝向

山陕会馆的建筑朝向受到各方面因素的影响，这些影响来源于山陕会馆建筑的由来。一些建筑是由庙宇而来，而宗教性建筑比较注重建筑的朝向。虽然关帝庙也像大多数建筑一样，需要考虑建筑环境的诸多因素，但是由于供奉关帝圣像，圣像的坐向决定建筑的朝向。而在尽可能的情况下，关帝坐像应该坐北朝南，因此，大多数关帝庙都是坐北朝南的，如解州关帝庙、周口关帝庙等。而一部分山陕会馆是在关帝庙的基础上进行扩建，自然也按照建筑原来的轴线进行。另外一部分建筑是由住宅改造而来，按照中国北方的地理条件，坐北朝南是北方地区一般建筑群的主要布局方式，例如开封山陕甘会馆坐北朝南。也有一些建筑并不是正南正北朝向，稍有偏差，如洛阳山陕会馆。还有一些会馆是新建的，因为祭祀的需要，也将建筑的朝向选为坐北朝南，例如社旗山陕会馆、苏州全晋会馆等。新建的山陕会馆和其他建筑一样，与周边的地形地貌相关，例如一些建在山地的山陕会馆，如徐州会馆的朝向是坐西向东。还有一些建筑是在山脚下，也根据山体的等高线垂直布置建筑轴线，如重庆走马镇山西会馆，建筑的朝向没有按照这个城镇的建筑肌理，而是顺应了山势的走向建立了会馆，不过建筑的大体格局依然采用了坐北朝南。另外，值得一提的是，建筑的朝向除了与山有关，与水也颇有渊源。一方面建筑中的风水观相信水是能聚财之物，另一方面，水运交通对于山陕商人意义重大，建造山陕会馆自然也会考虑周边水环境。如自贡西秦会馆临近河道，建筑的朝向虽然基本保持南北朝向，但顺应水道方向向东偏转。这一点在山东聊城会馆中体现得更加明显。山东聊城会馆临水，水道为南北走向，建筑为向水开门，朝向选择了坐东向西。另外，由于街道走向的影响某种程度上也影响了建筑朝向，形成了东西走向的平面布局。如淅川县荆紫关古镇由于依丹江流势建造，街道为南北走向，山陕会馆坐东向西布局。又如南阳社旗的山陕会馆地处镇内闹市区，虽然坐北朝南，但中轴方向向南偏西16°，南部随街形向内收敛，南北最长处152.5米，东西最长62米。以上分析可以得出结论，大部分山陕会馆传承了关帝庙坐北朝南的基本朝向，少数在环境条件限制的情况下会略有改变。

● **高差**

山陕会馆布局中，关于建筑的高差有一致性，也有特殊性。

山陕会馆建筑高差的一致性是基于建筑为增强序列感，在轴线上的建筑，从山门到戏楼，从戏楼到大殿，从大殿到春秋阁，基本遵循层层升高的原则。

笔者在调研过程中发现，河南境内大多数山陕会馆的戏楼与观演区在同一标高，在庭院北部的正殿设有月台。为了不阻挡观演的视线，有效地满足视角，戏台多抬高，有的稍稍抬高，有的甚至高于一层楼。观演院落尽端的大殿多建在台基之上，由于功能需要，大殿前多设有月台，有地位的人可以在月台或殿内与神共同观戏，以获得最佳的观演效果。在四川地区，这样的序列感会通过高差表达得更为明显。这是由于四川地区的特殊地形，使建筑的这种"上升"趋势更加明显地体现出来。而在河南地区，地形多为平原，会馆也多建在平坦之处，不可能像巴蜀的会馆那样利用地形的自然坡度，采用从戏楼到院落、正殿，地坪逐渐升高的做法。不过山陕会馆设计中也不乏通过简单的高差来丰富空间的做法，比如社旗山陕会馆的下沉式广场，以下沉式广场连结戏台和拜殿两个建筑功能区域，而这两个功能区域的建筑及其两侧附属建筑的围合，又明确和增强了观演空间的区域性。并且，在社旗山陕会馆的大殿之前建立高高的月台，而悬鉴楼的戏台高度则尽量压低，可以在月台上平视戏台上的表演盛况。可以说社旗山陕会馆在平地上创造了丰富的高差空间。

还有一些特殊的高差布局是受建筑所在地形地貌的影响。例如徐州山西会馆，它依山而建，坐西向东，西高东低。沿大门前的石阶拾级而上，抬头可见宽敞明亮的过廊。经过廊楼再登十余级台阶，可见大殿。高差相差较大的情况也更好地满足了由大门到大殿的序列上，地势层层抬高的原则。[1]再如，在泰山脚下的泰安会馆，由于地形高差较大，在戏台前无法形成平整的观看空间。于是，该建筑的戏台前，经过小的院落，上升一层楼高度的台阶，形成大的高地观看平台，大圣殿门前也是台阶引导人流向上，巧妙地解决了在山地建筑中为了满足功能而进行的高差变化。

（2）关帝庙与山陕会馆空间分析

空间是建筑的本质，建筑布局除了满足建筑最基本的功能需求以外，更需要考虑空间感受，营造空间氛围。对于山陕会馆来说更是如此，它继承了关帝庙这一宗教建筑的严肃性，同时又充满人情味，为山西、陕西同乡提供生活、娱乐的场所。有关建筑空间的营造分为室外空间、半室外空间和室内空间。这里主要分析的是通过建筑的整体布局营造的室外空间和半室外空间，笔者将在后文关于山陕会馆的建筑特征中详细叙述室内空间。对建筑整体布局空间的研究分为四个部分，包括前导空间、观演空间、祭拜空间和生活空间。

● 前导空间

由于中国古代传统建筑内敛的个性，在住宅甚至官衙等中国传统建筑空间的组织中，前导空间处的门屋往往忌讳建得过于高大。古往今来，公共建筑的前导空间尤为重要，特别是在宗祠建筑中，前导空间对特定使用人群来说是标志性建筑和精神文化的象征。因此，需要一个能显示其地位、气势的前导空间形象。山陕会馆和

1 参见荣浪：《山西会馆》，当代中国出版社2007年版。

关帝庙在前导空间的表达上有防御性、导向性和多样性几个特征。

前导空间的防御性表现在建筑的入口处往往以石墙为主，从建筑外面无法判断出建筑内部的规模和建筑单体的模样。例如，洛阳潞泽会馆的前导空间建筑要素照壁及东西的文昌阁和魁星阁在20世纪70年代被拆除，但还是可以从一些资料图片看出，建筑外围以石墙面为主，开窗少并且小。在前导空间拆除以后的潞泽会馆，虽然已经有正式的入口和左右钟鼓楼，但是仍然能分析出其前导空间的防御性远远强过开敞性。笔者认为，山陕会馆的防御性来自两方面的原因，一是山陕会馆属于北方建筑体系之下的建筑，又受到关帝庙建筑的影响。北方建筑以厚重的墙壁、少量开窗为多。而关帝庙建筑也是通过入口处的防御性体现出其庄严和肃穆之感。如亳州大关帝庙的前导空间，在面宽较大的情况下，以横跨距离较长的围墙为主，加上照壁镶嵌中间，增加外立面层次，两侧对称开小门。进入口，才为关帝庙主入口，平日只开放侧面入口，而正面空间以石墙为主，强调威严的气势。这种阻隔外部喧闹的"两重门"在山陕会馆中常见，也是关帝庙的常用手法。二是这样的防御性恰好反映了山陕商人的防御性心理。在异地经商，鱼龙混杂，客商难免对外界有所戒备，只有进入到了山陕会馆的内院，才能求得一丝慰藉。

前导空间在具有防御性的同时，还具有导向性。这里的空间导向性包含两个方面，一个是照壁以外和区域关系的导向性，以社旗山陕会馆为例，该会馆用地局促，与社旗镇最繁华的商业街区紧邻，甚至在建筑外围都有沿街店铺在经营。在这一嘈杂的区域环境中，依然存在着明显的导向性。首先入口的照壁正对垂直于照壁的街巷，引导人群向两侧分流；其次，两边的辕门上造大型阁楼，在建筑体量上高出该区域范围内的其他商铺，增强了标志性；再次，在照壁与辕门呈直角排布的同时，将建筑围墙倒角处理，缓解区域内的交通压力。因此，在如此复杂的商贸环境中，山陕会馆依然通过照壁和辕门的巧妙布局引导人流。另一方面，在照壁与山门之间的空间也存在导向性，这一导向性体现在压缩山门与照壁之间的空间，形成向观演庭院深入的导向性。

前导空间的多样性在关帝庙和山陕会馆中都有所体现。而这些建筑的前导空间效果受所选地形基址、所处自然环境，以及建造者的营造观念等影响会产生不同的适应性变化。

首先是受到所选基址环境的影响，这种影响主要来源于前导空间的比例尺度。例如前文提到的社旗山陕会馆为退让贸易集市而在用地紧张的情况下，再次退让。

上图：亳州大关帝庙前导空间
下图：亳州大关帝庙外墙

社旗山陕会馆外部空间

并且将辕门置于庭院的侧面，而不是放置于照壁两边。再如聊城山陕会馆，由于建筑紧逼河道，空间局促，无法独立设置照壁，故建造精美山门，山门的具体建筑特点在后文中将有详细论述。

其次是受到所处自然环境的影响，这点在巴蜀一带的山陕会馆体现得非常明显。通过建筑技术与艺术手段，使得会馆建筑的门楼成为整组建筑中较高峻、屋顶形式复杂的单体建筑。这种牌楼式的门楼在四川的山陕会馆中极为常见。如四川自贡的西秦会馆，又名武圣宫，它的大门总面阔32米，其门宇的空间虽然只有一层，却用了四层檐宇。屋顶覆以歇山屋顶，脊中设琉璃宝瓶，两端设鱼形"鸱尾"。整座门楼极富动感。西秦会馆的牌楼门也就成为整个建筑的精髓所在。相比之下，前面提到的位于河南的山陕会馆和关帝庙鲜有牌楼的出现，有的只是在山门之前放置石牌坊。不过同处在河南地区的山陕会馆在开敞性上也有所差别，例如洛阳山陕会馆地处豫西的洛阳，干旱少雨，气候严寒，封闭性的墙体有助于抵御风寒。而社旗山陕会馆地处豫西南，为我国南北气候交界带，气候温和多雨，开敞的空间有助于通风，所以社旗会馆空间比洛阳山陕会馆更加开敞。提到开敞性，位于河南淅川荆紫关镇的山陕会馆就更加开敞了，不再是石墙外立面，而是通透的门楼，阁楼的形式也不再是基座敦实的堡垒形式，建筑的布局在保持北方建筑的防御性形式下明显已经受到南方建筑的影响。

关帝庙和山陕会馆前导空间与营造者的营造观念有关。例如，在运城解州关帝庙的山门前方，除了有独立的照壁之外，沿轴线布置了生动的园林。这一点在宗教建筑中也鲜有发现。在建筑向南延伸的轴线上，从南至北，依次有结义亭、君子亭和结义园牌坊等。在结义亭和君子亭四周还设有环水景观。这样的序列式的前院空

自贡西秦会馆牌楼门

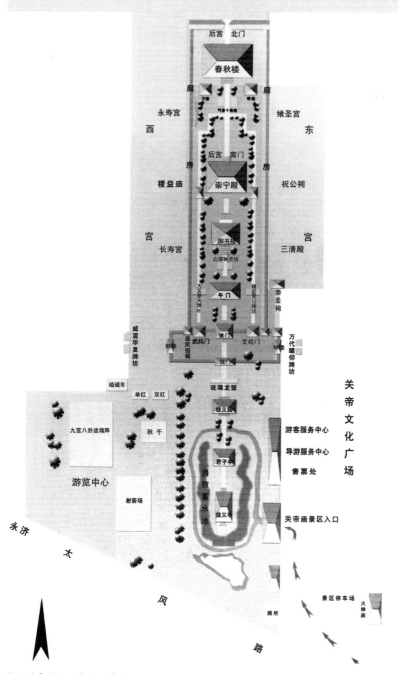

后宫花园

后宫北门

春秋楼

廊　　　廊

永寿宫　　飨圣宫

西　　　　　东

房　　　房

后宫南门

稷益庙　　崇宁殿　　祝公祠

宫　　　宫

长寿宫　　御书楼　　三清殿

山海钟灵坊

大义参天牌坊　精忠贯日牌坊

午门　　崇圣祠

威震华夏牌坊　追风伯祠　武纬门　进门　文经门　万代瞻仰牌坊

碰碰车

单杠　双杠　　琉璃龙壁

九宫八卦迷魂阵　秋千　结义园

游客服务中心

导游服务中心

君子亭　售票处

游览中心

射箭场　消防蓄水池　结义亭

关帝庙景区入口

永济

太

风

路

景区停车场　火神庙

厕所

关帝文化广场

西

东

解州关帝庙平面布局示意图

间，削弱了照壁和山门给个人带来的距离感和压迫感。同时，又借建筑和景观讲述关帝生平事迹，让这种祭祀更加充满纪念性的人情味道，营造出更加平易近人的空间氛围。再如，前文提到的社旗山陕会馆，与街道相邻部分设有多路入口，与外界形成开敞性的空间。为了使空间通透，钟鼓楼底层仅设柱网，不设墙体。社旗山陕会馆在建筑体量和细部装饰上显出了雍容华贵，但是在空间布局上又极力拉近与周边的商贩和居民的距离，形成包容的空间氛围。相比之下，洛阳潞泽会馆则大有不同，为山西潞安府及泽州府的商人所建。这两地地处晋南，晋南商贸发达，交通便利，人员混杂，人们防卫意识强。潞泽会馆受到这种营造思想的影响，在前导空间加强了防卫设施，如高大的墙体，单一的出入口，形成较为封闭的空间氛围。

无论是受到地域气候的影响，还是周边区域环境基址的影响，亦或是创建者依个人喜好创造空间氛围，关帝庙和山陕会馆在空间布局上体现了充分的灵活性和包容程度。

● 观演空间

中国古代庙会和集会的一个最常见和最受欢迎的活动当然是戏剧表演。在从庙到馆，从馆到市的演化过程中，会馆建筑的重要功能除了提供庙会或特定人群集会场所，就是供人观看戏曲表演。梆子戏作为山西人最为喜闻乐见的民间艺术形式，在清代迅速兴盛。会馆中的观演空间——戏楼及前区空间同样成为会馆空间中需要重点处理的部分。这里的院落、建筑及装饰都是修建者尽心竭力表现的场所，有很高的艺术价值。

会馆建筑观演空间的平面形式往往满足功能的需要，形成了一个常规的平面布局，演的空间——戏楼是平面的核心部分，戏台往往在二层，一层常为通道。戏楼旁常设耳房，为准备空间。左厢、右厢、正殿三面围合共同形成观看的空间。观看的空间分为三个部分，厢房位置为最佳，提供俯瞰的倾斜视角，正殿容纳人数有限，一般是有身份的人端坐看戏之处，最大的观演空间是池院，是一般民众观戏的场所，容纳量较大。下面分别论述演出和三个观演空间。

作为山陕会馆的表演空间，戏楼多数与庙宇戏楼和山门结合的形式相似，采用山门舞楼的形式，属于半开敞空间。它一般为多层建筑，院内附建东西看楼，外是巍峨耸立的山门，内是戏台，底层可通行。例如，开封山陕甘会馆戏楼屋室分布平面呈"凸"字形。分为上下两层，下层有一沿中轴线的南北向过道，两侧有掖门，在表演时，戏台下的通道关闭，开启两边的门供疏散。上层演戏，附建耳房的戏楼，舞台面与后台之间用一道木隔断隔离，仅在左右两侧各开一小门，作为剧中角色出入的通道，一般称它为上下场门，演员们几度上下就代表着时间和剧情的推移。下层是艺人的伙房及临时休息处。洛阳潞泽会馆正面前殿入口处，砖墙向内退进，形成面阔五间，这是会馆与外界的过渡和连接空间。与关帝庙的戏楼相比较而言，山陕会馆的戏楼更具有实用性和便捷性，会馆的乐楼被放到了重要的位置。山陕会馆的戏楼一般处于中轴线的前端，使乐楼不仅具有标志性，而且为大批看戏的人流提供了便捷的集散条件。也有部分山陕会馆的戏楼没有放在轴线尽端，而是放置于轴线的中间位置。河南周口关帝庙就将戏楼建在前殿和这座会馆建筑群的主殿——大拜殿之间，淅川荆紫关的山陕会馆也将戏楼布置在中部的位置。

观演的高视点地区左右厢房有两种形式，一种为一层建筑，一种为两层骑楼式。例如在自贡西秦会馆两边的厢房是二层建筑。二层廊道开敞，不设窗扇，方便人在此视角观看戏曲表演。另外，该廊道特殊之处在于在廊道中段设置附属舞台，达到在一侧廊道上可以观看两个舞台同时表演节目的效果。而社旗山陕会馆的配殿，这部分建筑兼作祭祀和观看表演的功能，所以建筑只有一层，层高较高，体量较大。

在山陕会馆中，观演和演出的空间也是可以互相转换的。社旗山陕会馆同样拥有巨大的庭院，可容纳众多的观看者。其面积较大，为2173平方米，是山陕会馆的中心地带，也是重要的功能空间。以下沉式广场限定了观演的空间，连接戏台和拜殿两个建筑功能区域，而这两个功能区域的建筑及其两侧附属建筑的围合，又明确和增强了观演空间的区域性。而悬鉴楼戏台和钟、鼓楼三个楼形成一组巍峨完整的建筑形象；大拜殿、大座殿、马王殿、药王殿组成的错落有致、庄严肃穆的建筑组团，突显出整个院落的威严与气势；高高迭起的台阶、华丽精美的石牌坊和东西八字石墙又把拜殿建筑组团的艺术感染力推向极致。从社旗山陕会馆的轴线剖面可以看到，建筑在布局上大大压缩了照壁和山门之间的距离，就是为了让第二进庭院有开阔的视野，这一布局方式和尺度既能突出建筑的巍峨壮丽之感，又为观演场所留有足够空间。

右上图：开封山陕甘会馆戏台下通道
右下图：周口关帝庙居于轴线中心的戏楼

左上图：自贡西秦会馆厢房二层

左下图：社旗山陕会馆配殿

● 祭拜空间

其实，在山陕会馆中，祭拜空间和观演空间没有明确的界限。由于从建筑文化和精神的角度来说，山陕会馆所传承的最为完整的核心就是对关帝的祭拜，虽然山陕商人对关帝的崇拜渗入了商业异化的成分，在祭拜关公的同时也有可能祭拜其他神灵。但是，所有的山陕会馆依然将主要祭拜空间供奉关帝。正如前文所说，对于关帝的崇拜是连接山陕会馆和关帝庙的文化纽带。于是，在祭拜空间布局上，山陕会馆完全与关帝庙保持一致。这种一致性包含在三个方面，一是大殿之前的台基，二是具有综合性功能的大殿，三是作为轴线结束处的春秋楼。

台基是中国传统建筑的一个特征，分为普通台基与须弥座两种，较高等级的建筑多用须弥座[1]。会馆的正殿虽然是会馆建筑群中最重要的建筑物，但多用普通台基，台基一般很高。中国古代祠庙的主殿前都有宽大的月台，以满足祭祀时露天活动之需。月台有正座月台与包台基月台之分，正座月台与台基的平面呈"凸"字形，适合中心位置建筑，会馆主殿前月台就采用了这种形制。会馆主殿前建造月台除了受祠庙建筑的影响，功能的需要也是重要的因素。月台具有重要的作用，是聚会、祭祀、举办仪式、观戏的场所。解州关帝庙的御书楼和崇宁殿为较高等级建筑，建筑均建在台基之上。崇宁殿的台基尤为宽阔，并以"凸"字形态布局，在两侧上台阶，在中间的突出部分进行祭祀。这也是山陕会馆的台基采用的一般形式。当然，也有例外，例如在社旗山陕会馆中，大拜殿、药王殿、马王殿都设有台基，但是由于建筑面宽有限，台阶设在台基的正面。另外，从图中可以清晰地看到，会馆中的大拜殿台基高度高出药王殿和马王殿许多，面积也更大一些。由此说明，建筑底座的大小、高度和建筑的等级直接相关。

前方的正殿作为正对戏楼的围合界面，有前后两面开敞的大厅，这里既是观戏交往的场所，也是前区观演空间和后面祭祀、生活活动的过渡空间，是综合性的空间。如前文描述，这里正殿泛指主要的祭祀建筑，实际上，很多山陕会馆有几座建筑单体用来祭祀，被称为大殿、拜殿等。如果建筑用地宽裕，可以在大殿和拜殿之前形成院落。

具体来说，建筑主要庭院的功能就是观演和祭祀，大多面积最大，周围建筑体量也较大。在轴线末端布置后殿，后殿多为春秋楼或祠堂性质的建筑，一般为两层。由于建在建筑群的后部，面阔一般较大，而进深较小。第三个院落的规划面积

---

1 高级建筑的台基源于佛座，由多层砖石构件叠埋而成，一般多用于宫殿、庙宇等重要建筑物上。

远小于第二个院落，却具有"升"的气势。悬鉴楼高为22米，大座殿高为24.94米，第三个院落的主要建筑——春秋楼相传高有十丈十尺，约为36.6米，远高于前两个建筑。开封山陕甘会馆与社旗山陕会馆的规划特点基本相当，唯洛阳山陕会馆因总体规模相差很大，所以在建筑的体量与数量方面均有不及，但其规划模式和院落的功能组织却是完全相同。

● 生活空间

这里生活空间分析的是由与主祀神灵密切相关的后殿为主要建筑要素的第三进院落。第三进院落较之第二进院落尺度小得多，具有极大的私密性。

就生活空间来说，关帝庙和山陕会馆的相似之处在于三个不同方面，一是生活空间的面向对象，关帝庙的生活空间主要供给一些宗教人事，包括道士、僧人等，和建筑的性质密切相关。而山陕会馆虽然也有供给宗教的服务空间，例如在社旗山陕会馆的后院旁就建有道坊院。不过大部分生活空间是给同乡商人聚会和住宿的。二是建筑规模的比重，在关帝庙和山陕会馆都将这部分功能放在最后一进庭院，或者放在辅助轴线上，这里具有极强的封闭性和隐蔽性，一般另设出入口。三是在建筑中的重要性，较之前文提到的祭拜空间和观演空间，生活空间相对来说次要，在规模较小的山陕会馆甚至基本舍弃了生活空间，与规模较小的关帝庙布局基本相同。

洛阳潞泽会馆的第三进为正殿与后殿之间横向的内院，深约九米，有明显的生活气息，从大殿和厢房之间的通道进入最后一进院落，配殿为两层阁楼，类似于春秋阁形制。院左右即配殿与厢房之间各有一曲线马头墙围合相连，中间开月亮门，曲线更增添了院落的亲切感并增加了活力。与洛阳潞泽会馆生活空间布局有所差别的是开封山陕甘会馆，侧院和主要庭院之间用墙隔开，开小门。这样的布局方式和空间尺度俨然已经是住宅尺度，更加具有私密性，将生活空间和其他公共空间严格分隔开。

洛阳潞泽会馆生活空间

开封山陕甘会馆侧院门

左上图：解州关帝庙崇宁殿基座
左下图：社旗山陕会馆三大殿

二、关帝庙、山陕会馆的建筑与构造

前文对山陕会馆的选址、布局以及总体空间形式作了概述，本节将更细致地阐述山陕会馆的建筑与构造特征，并将这些特征与关帝庙建筑与构造特征作比较，探究它们之间的渊源和传承关系。

1. 关帝庙与山陕会馆的建筑特征

山陕会馆是在关帝庙的基础上演化而来，可以说山陕会馆在建筑特征上属于关帝庙建筑特征的一部分。在演化的过程中，关帝庙的不断变化影响着山陕会馆的变化，同时又杂糅了地域、气候、人文等复杂的因素，传承并演化后成为山陕会馆的建筑群体。这里以讨论山陕会馆的建筑特征为主，以山陕会馆的建筑单体为分类进行讨论，这里的建筑单体指的是构建起山陕会馆建筑群的建筑实体，不包含装饰性的建筑构架和构件，而包含有照壁、山门、钟鼓楼、戏楼、正殿、后殿等。

● 照壁

照壁，又叫影壁、萧墙，是门外正对大门以作屏障用的墙壁。从中国历史上来看，它的历史非常悠久，它在西周时期已经产生，距今已有三千年的历史了。在中国的建筑布局中，从规模较大的宫殿建筑到规模较小的民居建筑，从宗教性建筑到民用性建筑，照壁都成为北方建筑和部分南方建筑不可缺少的部分。照壁常常出现在庭院、府第的门前，有增加建筑空间层次感以及身份象征、彰显地位的作用，在北方建筑中，照壁还有抵挡风沙之实用。照壁的大小及规格是有规定的，有严格的等级制度。

山陕会馆照壁多建在轴线最南段，处于主要轴线中心位置，将建筑群主体和街市分隔开来。例如，开封山陕会馆和社旗山陕会馆的照壁都临街而设，阻隔外部街市的喧闹以确保建筑内部宁静大气的氛围。在关帝庙中，照壁也处于轴线尽端，当然解州关帝庙的照壁处于建筑群的中间位置，但是作为关帝庙的主要建筑群体，撇开前面的景观构筑物，照壁还是处于尽端的地方。山陕会馆的照壁与中国古代建筑的其他照壁形制基本相同，包括台基、壁体和屋顶三部分。山陕会馆多借助关帝庙而建，所以照壁的大小及规格就可以提高。照壁上往往与三雕艺术相结合，以显示商人的财富以及特有的晋秦文化。目前现存的山陕会馆中就有不少精美的照壁保留，但是大部分都随山陕会馆的毁坏而消失。可惜的是，在山陕会馆和关帝庙中，有很多基本保存完整的建筑群体因为建设的需要独将照壁拆除，例如周口关帝庙就是一例，其照壁的存在只能从文献中找到一些文字记载。照壁的种类按材质分类可分为琉璃照壁和砖石照壁，等级较高的会馆采用琉璃照壁，规模较小的往往采用砖石照壁。

山陕会馆照壁的基座大多为须弥座，足以体现照壁在山陕会馆建筑群中体量虽小却等级颇高。须弥座亦称"金刚座"，中国传统建筑的一种台基，由佛座演变而来，其思想来源是人们对佛的敬仰。南阳社旗与洛阳山陕会馆的照壁台基甚至为双层青石须弥座。山陕会馆照壁须弥座大多为青石材质，其雕饰各不相同。

照壁的主体部分是墙体，墙体上大多有精美的砖雕和石雕，雕刻的面积大小不一。开封山陕会馆雕刻面积较小，其他部分刷白。解州关帝庙雕刻面积较大，其余部分用红砖铺设。开封山陕会馆照壁砌有砖雕和四字纹花框，外部花框为方形，内部嵌有圆形石雕"二龙戏珠"。北面花框内的不同位置砌有龙纹砖，共雕龙18条。而装饰雕刻在照壁上的位置也有所考究，若站在大殿前面南望，透过牌楼和戏楼门洞，视线的中心正好是照壁背面郑重镶嵌的一块五尺见方的"二龙戏珠"石雕图案，这也体现了中国建筑空间中对景手法的运用。而解州关帝庙的照壁为琉璃照壁，上有蟠龙、麒麟等图案，整个图面用多个大小一致的琉璃拼接完成，构图饱满，一气呵成。

开封山陕甘会馆照壁

社旗山陕会馆照壁实景

最值得一提的照壁是社旗山陕会馆照壁壁面，由共计476块彩釉琉璃构成，包括浮雕变形"寿"字，取"福"谐音的蝙蝠图案，配合行龙、牡丹等寓意"富贵"、"福寿双全"等吉祥意义的装饰图案。画面以绿色琉璃雕双层竹节为框，最下部置黄色仰覆莲，仰覆莲上部一字排开三组图案，南北均有。总的来说，无论是开封山陕甘会馆的青砖壁体还是社旗和洛阳的琉璃壁体都极尽雕刻，并且在雕刻内容中用到了龙这样的在封建统治阶级中比较敏感的装饰题材，充分体现晋商文化和当时匠人高超的雕刻技艺，这在后面相关章节中将详细探讨。

山陕会馆照壁壁体之上为屋顶，多为琉璃屋顶，或歇山，或硬山，甚至有庑殿顶[1]。山陕会馆照壁屋顶各具特色，如开封山陕甘会馆照壁屋顶覆以绿色琉璃瓦。正脊为绿色高浮雕荷花脊，两端均置近于方形的龙头形大吻，尾部外卷，背上斜插一把剑，其身上还有凸出的升龙图案。而社旗山陕会馆和解州关帝庙的照壁屋顶颇为相似，皆为仿木结构斗拱及檐部结构，顶部为琉璃硬山顶结构。不同的是，社旗山陕会馆照壁屋顶的屋脊更加独具匠心，以两狮为吻，正中脊刹为狮驮宝瓶，两侧分立楼阁及狴鱼、海马等神兽。

综观山陕会馆整个照壁装饰，内容丰富繁多，但主次分明，立意明确，设计巧妙，嵌接严密，既富丽堂皇，又和谐流畅，色彩艳丽。既给人以直观的美感享受，又富有厚重的文化内涵，绝对不亚于中国古代的其他公共性建筑，并且将关帝庙的建筑文化与形式更好地加以继承和发扬，堪称中国古建筑照壁装饰的经典之作。

● 山门

山陕会馆和关帝庙的前导空间包含很多类型，包括独立式山门、连体式山门。独立式山门又包含有门洞式、门屋式、牌坊式等；连体式山门包含有牌楼合一和门楼合一两种，具体分析和案例参见下表。从表格中可以看出，山陕会馆和关帝庙的山门形式多种多样，从简易的门洞式到复杂的牌坊、门、戏楼三者结合，都各具特色，一方面体现了关帝庙所传承的宗教建筑文化，一方面又将北方建筑文化与本土建筑文化有效结合。

---

1 因其左右四个坡面排水，故北方称之为"四阿顶"。因前后两坡相交处的正脊和左右两坡与前后两坡相交形成的四条垂脊，共有五条脊，故又称作"五脊顶"。它一般用在建筑群中最主要的建筑上。

山陕会馆山门形式

山门形式 分类	山门形式 名称	山门形式 说明	典型山门 举例	实景照
独立式	门洞式	小型关帝庙常用 形式，形式简单。	河南朱仙镇 大关帝庙	
	门屋式	有遮蔽的建筑作为 入口，形式较复杂。	洛阳潞泽会馆	
	牌坊式	用独立牌坊作为 入口，形式较复杂。	聊城山陕会馆	
连体式	门屋戏楼 结合式	门屋和戏楼形成整体 建筑，形式复杂。	社旗山陕会馆	
	牌楼门屋 结合式	牌坊和门屋结合成 牌楼，形式复杂。	自贡西秦会馆[1]	

---

1 自贡西秦会馆的牌楼和舞楼（戏楼）在结构上搭接，也可认为是门屋和戏楼相结合。

聊城山陕会馆的山门为四柱三间牌坊式门楼。面阔7米，进深1.7米，高10米。[1]牌坊式山门为普通牌坊尺度，四根柱子的柱础均为圆雕的狮子，中间两柱正面阳刻楹联，字体雄浑，气魄宏大。上联为"本是豪杰作为只此心无愧圣贤洵足配东国夫子"，下联是"何必仙佛功德惟其气充塞天地早已成西方圣人"。中间石质门框和门楣石上遍雕蝙蝠图案。门楣上方中间嵌条石一块，上刻"山陕会馆"四个大字。中间一间有六层斗拱，两边两间为五层斗拱。屋顶为歇山式，铺有琉璃瓦。屋脊两端有吻兽，正中有宝瓶。整个山门比例尺度得当，华丽而典雅。

社旗山陕会馆的山门与戏楼连为一体。戏楼又称悬鉴楼，悬鉴楼南部砖墙退后，形成面阔三间、深约4米、高约6米的门厅。面南为山门，檐廊宽敞，面北为戏台，这种勾连搭结构独具匠心，极富特色。会馆的地坪高差别具一格，一反传统建筑空间由南向北地面逐渐升高的传统，中院低于前院0.28米。因此社旗山陕会馆的戏楼地面也就南高北低，南部门厅高于前院地面0.1米，高于北部地面0.19米。南部门厅高大，但入门以后进入戏楼部分，戏台降至距离地面2.11米，门厅为过渡空间。这样处理建筑的高差方式有两个明显的意义在于，一是限定了空间，通过高差将整个用来观演的庭院限定为一个有限定氛围的整体，二是将戏台压低，压缩建筑下部分高度，增大建筑屋顶部分的尺度，更体现整个悬鉴楼和山门建筑的体量庞大。门厅梁架结构为卷棚式，四架梁与随梁枋前端插入柱头，后尾插入隔墙，梁背中立一柱上达悬鉴楼二层作檐柱，月梁横穿此柱及两侧脊瓜柱，脊瓜柱承脊檩与脊枋。山门檐柱间联以额枋，柱上置厚大的平板枋，枋上立斗拱。明间施平身科三攒，次间两攒。明间柱头科、明间正中平身科以及次间内侧平身科为五踩重昂出45°斜昂单拱造，明间正中平身科两侧以及次间外侧平身科与柱头科为五踩重昂单拱造。

将山陕会馆的山门与关帝庙的山门相比较发现，山门形制基本相同。例如，亳州大关帝庙的山门与聊城山陕会馆有相似的牌坊式山门，只不过在屋顶层数和材质上有差别。可以看到，山陕会馆山门在关帝庙山门的基础上加入了更多营造者的意愿和与当地建筑相融合的意向，使得山陕会馆山门的形式更加丰富和多样。

---

1 数据参考百度百科"聊城山陕会馆"词条。

上图：亳州大关帝庙山门

下图：亳州大关帝庙牌坊式山门细部

● 戏楼

　　戏楼是山陕会馆不可缺少的部分。关帝庙中的戏楼一般为祭祀所用，而到了山陕会馆，使用戏楼的频率大大增多，一般每逢节日、祭祀、还愿和祝寿等时候都会有演出，表演不光是给达官贵人和士绅商贾看的，很多也供当地百姓观看，以在百姓中树立山陕商人亲民的风格。戏楼在建筑群中的重要地位由此体现，很多山陕会馆的戏楼经过了精心的设计，创建者认为仅命名为戏楼不足以表现这座建筑的特别，所以很多山陕会馆的戏楼都有自己的名字，比如开封山陕甘会馆的戏楼叫做"歌楼"，洛阳山陕会馆的戏楼叫做"舞楼"，而社旗山陕会馆有戏楼功能的建筑叫做"悬鉴楼"，自贡西秦会馆的戏楼叫做"献计楼"。在中国古代建筑的礼制规范中，"北屋为尊，倒座为宾，两厢为次，杂屋为附"，[1] 戏楼也遵照这样的礼仪，它位于会馆照壁正北面的中轴线上，一般坐南面北 [2]，正面朝大殿。

　　山陕会馆的戏台形式多样，没有明确的分类标准，和关帝庙的戏台有很多相似之处。所以笔者在下表中，根据戏台的外观形式，将山陕会馆和关帝庙戏台分为三类，一类是落地式，在两种情况下出现此戏台，一种是与过厅合用的形式，在平时没有演出的时候，当作厅堂使用，在有演出的时候，在台阶上搭上木板就可以演出，如解州关帝庙的锥门。还有一种情况是在附属院落的小戏台，因为院落尺度小，只能平视演出。二类是凸型戏台，这种戏台最为常见，因为台口突出形成了三面镂空，有利于获得更多的观看视角，并与台下的观众有更多的接触和交流。三类是平口戏台，这类戏台往往与两边的耳房相平，演员可以从耳房直接上台，只不过只有一面能观看，比凸型戏台略有局限性。各地不同山陕会馆的大小也有所不同，戏台的台面宽度小则一间，大则三间。根据各地方不同的表演需求而有所不同，例如，在河南地区的戏曲表演中，"所演之腔，乃山西北路帮子，与蒲陕大调大同小异，偶演秦腔，声悲音锐"。[3] 这是发源于山陕豫交界的民间戏种，演唱时多用梆子击打伴奏，需要宽敞的表演舞台，所以在河南的山陕会馆多有宽阔的舞台。

---

1 出自中国古代的风水学说。

2 也有例外，如聊城山陕会馆，具体朝向依据建筑朝向。

3 李刚、宋伦：《明清工商会馆"馆市合一"模式初论——以山陕会馆为例》，《中国社会经济史研究》2004年第1期。

山陕会馆和关帝庙的戏台样式

戏台类别	戏台名称	戏台规模	戏台屋顶	实景照
落地戏台	解州关帝庙戏台（锥门）	三开间	歇山	
	开封山陕甘会馆侧院戏台	一开间	硬山（主体）	
凸型戏台	亳州大关帝庙戏台	一开间	歇山	
	周口关帝庙戏台	三开间	重檐歇山	
	苏州全晋会馆戏台	一开间	歇山	
	聊城山陕会馆戏台	三开间	重檐歇山	
	洛阳山陕会馆戏台	三开间	歇山	
	自贡西秦会馆戏台	三开间	三重檐歇山攒尖	

戏台类别	戏台名称	戏台规模	戏台屋顶	实景照
凸型戏台	社旗山陕会馆戏台	三开间	重檐歇山	
平口戏台	荆紫关山陕会馆戏台	一开间	歇山	
	开封山陕甘会馆主戏台	一开间	歇山	
	洛阳潞泽会馆戏台	三开间	重檐歇山	

  从上述列表中可以看到山陕会馆和关帝庙的戏台风格多种多样，其中也不乏相似之处。首先，建筑外观一般多为两层，为一开间或者三开间，戏台建筑的主体部分多为硬山屋顶，而戏台部分另设屋顶，一般多歇山或者重檐歇山。其次戏台的交通空间一般隐藏在戏楼的后侧，也有受到限制的直接暴露在戏台两边，如开封山陕甘会馆戏台。再次，从材料上来说，建筑大多是砖石框架，一层为石柱，二层为木柱。一层三间的旁边两间有时用砖石封闭，所谓使用功能空间。最后，从建筑细部来说，戏台部分的出挑往往较大，在一些雨水较多地区的戏台更甚，并带有上挑飞檐。一方面使整个戏台更加精致，另外一方面也为"避免因表演时的突然降雨而影响继续演出"作设防，可以说是基于实用和美观的双重考虑。在列表中，山陕会馆和关帝庙戏台的相似之处着重表现在两组戏台上。一是亳州大关帝庙戏台和苏州全晋会馆戏台，二是周口关帝庙戏台和聊城山陕会馆戏台。这两组戏台分别为一开间戏台和三开间戏台的代表，他们两两之间从整体形态、尺度、比例、功能、结构、材料等多方面都有较大相似之处，深刻体现关帝庙和山陕会馆的传承关系。

  苏州全晋会馆的戏楼可以说是整个建筑群体的精髓所在。据说，全晋会馆每遇皇帝诞辰、国家大庆、关公诞辰及忌日，甚至经商者生意兴隆、财源广进时，均要举行隆重庆典或祭祀仪式，届时鸣钟击鼓，场面恢宏。全晋会馆的戏楼是典型的山陕会馆的戏楼，分为上下两层，底层为仪门[1]和两廊，楼层由北向南伸出戏台，戏台坐南向北，台面高出地面约2.7米，边宽约6.5米，设有"吴王靠"[2]，形成面积约为36平方米的正方形。由于包厢与戏台有着科学的空间处理，观众可以从多方位欣赏演员的表演，将其一招一式尽收眼底。

这里着重介绍的是社旗山陕会馆的戏楼，又名悬鉴楼，别名八卦楼。已故中国古建筑学会会长、南京大学校长杨廷宝先生对此楼情有独钟，亲自带研究生对该楼进行详细测绘、拍照，称赞悬鉴楼为"华夏古戏楼的典范之作"。悬鉴楼坐南朝北，位于中轴线上，社旗山陕会馆的戏楼悬鉴楼两次间为六架歇山卷棚构架，后台为五架歇山构架。戏台明间屋顶高于两次间，屋顶为一独立歇山顶，其檐口与悬鉴楼二层檐口齐平，与后台屋面形成前凸的抱厦。后台有三层，三层面阔三间，进深五步架，周设回廊，歇山顶。北部为戏楼，三层，为悬鉴楼核心部分。戏台台口高2.7米，整个下层为开敞式结构，与山门相通，下层分为中间的人行通道和东西的化妆间，其中东化妆间设石阶登临二层。二层为戏台，戏台台口高2.7米，面阔三间15.7米，通进深5.2米，[3]后部以木屏风和八字形屏门相隔为化妆间。台口周围以0.3米高的石栏，通体雕刻，技法细腻，形象生动传神，正面雕以戏剧故事图案。二层梁架与屋顶组织巧妙。前台明间柱高约5米，次间柱高约2.6米，明间为五架歇山构架。台口四柱础之上以四根方形石柱高高擎起上层屋架，内二柱高5.2米，侧二柱高2.61米。悬鉴楼更具特点的是其柱网的使用。全楼以24根巨柱高高撑起，以柱与柱础为主要支撑力点。"其多种形态的高大柱础俱为上圆下方之复式础，体现了中国传统文化'天圆地方'的人文思想，也尽展南方建筑文化柱础雕饰艺术之精华"。对于建筑部分的细节在本书后面章节还会详细阐述。

● **钟鼓楼**

在我国古代，钟鼓楼建筑有自己独立的发展历史，楼内设置钟鼓有不同的说法和意义。有的是按时敲钟鸣鼓，为向城中居民报告时辰之用。明清的城市常常在市中心设置钟楼和鼓楼，成为城市中轴线上不可或缺的一个组成部分；有的钟鼓楼

---

1 仪门一般指明清时期，官署、邸宅大门内的第二重正门。

2 "吴王靠"是安装在半墙或坐槛上面，可让人憩坐、倚栏凭观的长条靠椅。

3 数据参考车文明：《中国古代戏台规制与传统戏曲演出规模》，《戏剧艺术》2011年第1期。

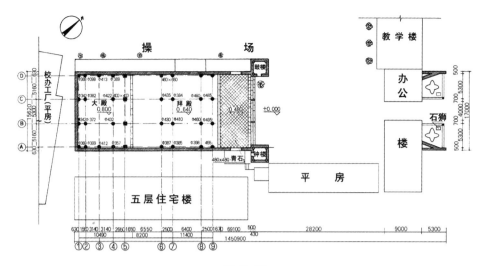

平 面 图 1:200

襄阳山陕会馆平面图

为祭神及迎接神社之用。明清的寺庙道观建筑，钟、鼓楼通常在山门以内，主殿以前，为东西相对的楼阁式建筑，往往以晨钟暮鼓来安排僧人或道士的作息起居。山陕会馆的钟鼓楼显然来源于关帝庙中钟鼓楼的传承，较之关帝庙中的钟鼓楼，山陕会馆的钟鼓楼更多的功能在于祭祀时使用，并且在其他重要的日子配合戏台使用。总的来说，钟鼓楼是山陕会馆必有的建筑。

钟鼓楼在建筑中的位置不尽相同，有的钟鼓楼设于山门前，分居两侧，如在襄阳山陕会馆平面图中，可以看出钟鼓楼的位置。襄阳山陕会馆算是山陕会馆建筑中规模较小的，但是仍设有钟鼓楼，说明钟鼓楼在山陕会馆中必不可少。另外还有荆紫关山陕会馆，钟鼓楼也立于山门之前。笔者认为这样设置的用意在于，钟鼓楼不光为山陕会馆建筑群本身所使用，还可以服务于片区里面的其他居民。还有的钟鼓楼设置在山门两侧，与山门平齐，例如洛阳潞泽会馆就是如此。由于很多山门和戏台连接在一起，从庭院向戏楼看去，也可以看到钟鼓楼分居戏楼两侧，如社旗山陕会馆钟鼓楼设置在悬鉴楼两侧。还有一些钟鼓楼分居在庭院两侧，如开封山陕甘会馆的钟鼓楼就设置在厢房与戏楼之间的庭院两侧位置。另外，聊城山陕会馆的钟鼓楼设置也别具特色，设置在夹墙内侧，钟楼、鼓楼各有小院，通过小门与大庭院连通。

钟鼓楼沿主要轴线对称布置，钟楼和鼓楼呈镜像对称而立，通常钟楼在东侧，鼓楼在西侧。钟楼和鼓楼形制基本一致，平面皆为方形，一般为两层结构。第一层为砖结构，内设楼梯可达上层。第二层为木结构，是建筑物的主体，有围护结构，外侧设柱一圈。二层屋顶一般为重檐歇山顶。这是关帝庙和山陕会馆钟鼓楼的常见形式，例如开封山陕甘会馆和聊城山陕会馆钟鼓楼形制与解州关帝庙钟鼓楼形制基本一致，在二层的围护结构、栏杆扶手设置上的细节略有差别。聊城山陕会馆钟楼、鼓楼南北对称，均为筑于砖石方台之上的单间二层重檐歇山十字脊式建筑。二层各有12根檐柱承托着第一层屋檐。一层楼门西向。左为"钟楼"，二层楼门南向，门楣上有石刻"振聋"横额一方，两侧石柱上阴刻楹联一副：其声大而远，厥意深且长。右为"鼓楼"，二层楼门北向，门楣上有石刻"警聩"横额一方，两侧石柱上阴刻楹联一副：当知听思聪，岂可耳无闻。

山陕会馆钟鼓楼形式

名称	基本格局	屋顶	实景
社旗山陕会馆鼓楼	下层和上层均开敞，只设柱。	歇山，二层	
解州关帝庙鼓楼	下层砖石封闭，上层外设柱，内封闭。	歇山，二层	
开封山陕甘会馆钟楼			
聊城山陕会馆钟楼			

也有一些山陕会馆钟鼓楼形制较为特殊，例如荆紫关山陕会馆的钟鼓楼和社旗山陕会馆的钟鼓楼。荆紫关山陕会馆建筑群位于河南淅川，已经靠近南方地区，建筑特征亦部分脱离北方建筑的厚重感，带有开敞通透的建筑空间，从钟鼓楼的设计就可以看出来。荆紫关山陕会馆的钟楼和鼓楼形制相同，与其他钟鼓楼不同的是，该钟鼓楼只有一层，但为遵照钟鼓楼惯有的形式，建有高高的砖石基座，基座以上为木结构，柱子较细，使建筑显得更加轻盈。主体建筑为四角攒尖顶，三重檐，灰色瓦，砖雕花脊，顶部安有宝珠和塔刹，上书有"风调雨顺"四字。社旗山陕会馆钟鼓楼建于悬鉴楼的东山面和西山面，坐南朝北，并排而建。通面阔与通进深均为7.35米，总高约15.65米，建造在通面阔9.57米、通进深10.1米的低矮的台基之上。不同于其他钟鼓楼的重檐，此钟鼓楼的两层屋顶分别设在不同层数上。钟鼓楼继续延续了悬鉴楼的构造特点，一层开敞，各以16根木柱擎起二层楼阁，柱础为北方式简洁雕饰之石础。钟楼之中高悬巨型铁钟，高近2米，重2500余斤；鼓楼内高悬巨鼓。二楼的顶部结构为重檐歇山顶：飞檐微翘，八角高挑，整体艺术造型空灵秀逸，具园林建筑之风格。屋顶以绿釉瓦饰檐，灰筒瓦为面，黄釉瓦组成菱形图案装饰中心，给人以古朴素雅之美感。重檐琉璃歇山顶下檐施五踩重昂出45°斜昂单拱造和五踩重翘单拱造两种斗拱，上檐斗拱分为上下两层，下层仅设一座斗，正心设一实拍拱，另设要头，要头上设一通长平板枋，枋上立五踩重翘出45°斜翘单拱造和五踩重翘单拱造两种斗拱。

社旗山陕会馆钟鼓楼的特别之处在于整个建筑仅设柱网，而无墙体，笔者认为此设计方式独具匠心，更值得现代设计借鉴。这样通透的设计对现代建筑空间的启示有三点，首先是提高空间利用率，从其他建筑的钟鼓楼可以看出，钟鼓楼下层为带有木门的砖石围护，在需要使用时方打开。而此钟鼓楼下层即为交通空间，并且通往二层的楼梯可以和戏台的楼梯共用；其次，钟鼓楼下方全开敞不仅是为了交通的需求，更为了视线通达的需求，透过钟鼓楼下端就可窥见社旗山陕会馆巨大的庭院，也同时增加了空间层次感；再次，钟鼓楼的上下通透削弱了建筑的体量感，更加烘托出悬鉴楼的庞大体量。事实上，此钟鼓楼比一般山陕会馆钟鼓楼体量更大，但因为上下通透，体量削弱，这个建筑显得更加轻盈，烘托出悬鉴楼的厚重、庄严之感。总体来说，社旗山陕会馆钟鼓楼是山陕会馆建筑辉煌成就的一个缩影，在继承了关帝庙建筑形制的基础上加以变化和提升，也为现代建筑理论研究留下了珍贵的资料。

● 正殿

这里说的正殿是山陕会馆最重要的建筑，通常位于会馆中轴线中间部分、观演空间庭院之后，正对戏台。关于正殿的名字还有多种说法，也称"大殿"，有时也叫"关帝殿"或者"关圣殿"等。之所以被称为山陕会馆最重要的建筑，首先，从规模上来说，正殿是建筑群体中最大的；其次，它出于中心轴线的建筑高潮部分，处于月台之上，是地平高差最高的地方，再次，规模较小的山陕会馆只有一座主殿，而规模较大的山陕会馆则有两座。正殿一般包括拜殿和座殿，拜殿为祭祀场所，座殿供奉关公神位，还有一些山陕会馆会将关帝神位供奉在春秋阁。从这一点也能看出关帝庙和山陕会馆的传承关系。山陕会馆在沿用关帝庙祭祀方式的同时，也传承了祭祀建筑，只是根据使用功能和地形限制略有调整，但是无论如何，山陕会馆中最主要的建筑还是用来供奉关帝。

在关帝庙中正殿一般包括献殿、正殿以及正殿前的月台或广场。献殿的形制一般不会太高，多为一开间或者三开间，屋顶形式多采用歇山、悬山及卷棚。正殿是关帝庙的核心，等级较高的建筑成为崇宁殿[1]。全国范围内的关帝庙正殿一般为三开间。屋顶形式一般为卷棚、悬山和硬山顶，也有少数为五开间或者七开间，屋顶为重檐歇山。如规模较小的朱仙镇大关帝庙和亳州大关帝庙正殿均规模不大，而解州关帝庙作为全国最大的关帝庙，拥有等级最高的正殿，名为"崇宁殿"。众山陕会馆基本继承了关帝庙大殿形式，并且在规模和等级上都不输给关帝庙。山陕会馆正殿部分一般具有以下特征，首先，正殿可以为独立建筑，也可以为两个或三个建筑勾搭在一起的连体建筑，从聊城山陕会馆和洛阳山陕会馆的外部立面可以看出，形制较关帝庙更加灵活多变。例如，在洛阳潞泽会馆，正殿就只有一座独立建筑，在社旗山陕会馆则由两座建筑组成，而在开封山陕甘会馆则由三座大殿连接而成。其次，在常见的由前后两个殿组成正殿的形制中，一般后面一个殿等级较高，大多为重檐歇山，而前面的殿等级较低，有时只是卷棚。山陕会馆的正殿往往规模较大，一般为五开间，也有七开间大小的，规模也高于前面次要的殿堂，成为整个建筑群体的最高点，从洛阳山陕会馆的外墙可以清晰地看出这一点。再次，在组成正殿的前面一个殿，往往处于宽敞的月台之上，便于进行露天的祭拜活动。这个殿名称各不相同，有叫拜殿、献殿或者前殿。正殿的主要殿处于后侧，可成为大殿、正殿或者座殿。一般供奉关羽神像，故等级较高。从关帝庙和山陕会馆各正殿形式一览表

---

1 宋徽宗封关羽为"崇宁真君"。

关帝庙和山陕会馆各正殿形式

类别	名称	正殿简介	实景照
较小的关帝庙正殿	朱仙镇大关帝庙	名为"春秋宝殿",单檐歇山式,面阔五间,进深两间,碧瓦红墙,飞檐翘角,异常壮观,大殿建成后多次被修葺。	
	亳州大关帝庙	殿高10米,面阔三间,屋顶为硬山式,非建筑群主体建筑,而戏楼为其主体建筑,故亳州大关帝庙又被称为"花戏楼"。	
较大的关帝庙正殿	周口关帝庙	由飨殿(也称"炎帝殿")和大殿两部分组成。飨殿面阔五间,歇山顶。大殿内塑关羽、张飞、赵云、黄忠、马超这五虎上将之彩像。	
	解州关帝庙	名为"崇宁殿"。殿前苍松翠柏,郁郁葱葱,配以石华表一对,焚表塔两座,铁旗杆一双,月台宽敞,勾栏曲折。殿面阔七间,进深六间,重檐歇山式琉璃殿顶。	

（续表）

类别	名称	正殿简介	实景照
较小的山陕会馆正殿	聊城山陕会馆	由献殿和复殿前后组成，檐部有天沟相接。献殿与复殿又各分为正殿和南北配殿，前后左右共六殿，均面阔三间。正殿房面高于南北配殿。献殿为卷棚顶，复殿为悬山顶。正殿房面覆绿色琉璃瓦。	
	开封山陕甘会馆	由三座不同形式的殿毗连而成，依南向北为拜殿、卷棚和大殿（座殿），拜殿面阔三间，卷棚和大殿皆面阔五间。正殿屋顶形式从南向北依次为：歇山顶、卷棚顶、硬山顶。	
	洛阳潞泽会馆	为单独一座建筑，五开间，重檐歇山顶。建于面积较大、地平较高的月台上。	
较大的山陕会馆正殿	社旗山陕会馆	由前方大拜殿和后方大座殿组成。大拜殿建于高台之上，为歇山卷棚顶。大座殿为重檐歇山顶。	
	自贡西秦会馆	殿面阔五间，进深八架椽。正面左右各出抱厦，作卷棚顶，前方为两重檐，檐廊下用卷曲的天花处理成轩。	

从外看聊城山陕会馆大殿

中可以明显看到，洛阳潞泽会馆的正殿和开封山陕甘会馆的拜殿形式极为相似，均为五开间，屋顶形式为重檐歇山，这与关帝庙的崇宁殿如出一辙。

社旗山陕会馆的正殿建在高约2.46米的台基之上，沿进深方向建有两座建筑，前为大拜殿，后为大座殿。两座建筑内厅衔接契合自然巧妙，两座大殿之间檐口没有封闭，后殿台基高于前殿地面，两殿交接处置东西两石砌水池，名为"铜池"，既可承接屋顶泻水，又寓含"财源广进"之意，蕴含着浓厚的商业文化。

月台形制独特，平面为凹字形，在我国古建筑中不多见。台阶为三阶制，中间为神道，道南为踏垛，道北斜置雕刻云龙的青石，神道两边有副阶，三阶之上均设石牌坊。大拜殿面阔为三间，共15.39米，进深九椽，计9.6米，高15.1米，为单檐绿琉璃歇山卷棚顶建筑，形象庄严、宏阔。大拜殿的柱础石雕颇具特色，其18座柱础共分七种类型，每类雕饰各有特色。特别是殿内的四座金柱动物造型柱础，础高达0.84米，长1.16米，以硕大的整块青石圆雕而成。因大拜殿为祭拜、宴会之地，其前檐为半栅栏开放式，殿内光线充足，视野开阔，前方诸建筑及戏台演戏情景尽收眼底。后檐明间原设置屏风门，可开合，两次间则作开敞式。大座殿位于大拜殿的北面，与大拜殿之间以勾连搭结构相连。面阔、进深各为三间，四周设回廊，廊深1.92米，两侧以二门通回廊。殿通高为24.94米，以24根巨柱撑起，重檐绿琉璃歇山顶，为会馆内现存最高大的建筑，其内设会馆主祀神关羽座像。大座殿台基高于大拜殿地面0.16米，其间设既可蓄水又寓含"财源广进"的铜池，另于其东、西侧各设一垂花门与药王殿、马王殿相通。自月台、大拜殿、大座殿呈依次高升之状，突出了大座殿的主体地位。大座殿的殿顶琉璃颇具特色。两层重檐，八角高挑。一层四坡坡面稍张，顶层前后坡坡面陡峭，与前部大拜殿舒缓之卷棚顶坡面形成对比。

两座大殿均覆以绿琉璃瓦，坡面中部以黄绿琉璃瓦组成菱形图案。大座殿的殿顶琉璃脊饰颇具特色。正脊中央立琉璃楼阁脊刹。刹座东西设吞脊兽，座北侧塑和合二仙像，反映了"和气生财"的祈愿。座上琉璃莲台，台上置琉璃楼阁，阁顶立麒麟驮宝瓶。脊刹两侧另于正脊上立白象驮宝瓶，相间立八个骑马仙人。正脊两端置龙头大吻。垂脊上立狎鱼、海马，垂兽为雄狮。戗脊立狎鱼，戗兽为龙头。飞檐四角各立武士造型，角饰套兽，下悬风铎。脊之两面分饰云龙、牡丹。官式建筑的垂脊除了垂首外不立兽，而社旗山陕会馆建筑的垂脊上均立兽，这是社旗山陕会馆脊饰的一大特点。社旗山陕会馆的大殿和拜殿从体量、结构和细部都可以说达到了山陕会馆正殿建筑的极致。

● **配殿**

在山陕会馆中，主轴线上的主要殿堂没有关帝庙那样有规范的个数和次序。不过由于其商业性质，决定了在很多山陕会馆中还供奉除了关帝以外的其他神灵。山陕会馆的配殿有这样一些特征需要说明，首先，山陕会馆除了戏台和主殿、钟鼓楼以外的其他建筑大多等级较低，包括廊房、看楼、厢房、配殿等，这些建筑大多形制相同，进深较小，屋顶形式一般为悬山、硬山、卷棚等，导致很多建筑的廊房、厢房、配殿并不区分得十分明显。这些建筑往往通过使用功能和空间的划分进行区别：廊房和看楼，一般提供观演空间，多不设隔断；厢房，一般供给使用者或者来访者起居；而配殿，一般供奉神灵，无其他功用。其次，配殿一般与其他次要功能房间一起设置在庭院的轴线两侧，也有一些配殿地位等级高于其他功能用房，例如在社旗山陕会馆，就设有药王殿和马王殿，分居在供奉关帝的大拜殿两侧，面向悬鉴楼。由此可以看出在这座建筑中，药王殿和马王殿的建筑等级也颇高，供奉的神灵为社旗山陕商人的行业神。这种供奉多个神灵的做法在关帝庙中也存在。例如，在周口关帝庙中，飨殿和大殿两侧分别设有炎帝殿和老君殿，而在庭院的东西两侧还有财神殿、酒仙殿、药王殿、灶君殿，这四个殿与东西廊房为同一座建筑，用石墙将其分隔开来。另外，还有一些山陕会馆配殿形式跟开封山陕甘会馆的布局相似。主要庭院的两侧为厢房，而大殿两侧各设对称庭院，建有东配殿和西配殿，并且各自设有落地戏台。总的来说，配殿在山陕会馆中布局较为灵活，而建筑形制比较一致。不过也有特例，这里重点介绍一下社旗山陕会馆的药王殿和马王殿。

社旗山陕会馆的药王殿和马王殿是现存的山陕会馆中等级最高、规模最大的配殿。从平面上可以看出，药王殿、马王殿呈镜像对称，分居大拜殿两侧，与大拜殿无结构搭接。不过，药王殿和马王殿与大拜殿之间留有缝隙，缝隙中设互相可通达廊道，廊道为两侧，下层可穿过廊道到达后院。药王殿和马王殿建筑形式与大拜殿相似，只是体量较小。同大拜殿一样，药王殿和马王殿各由两座殿组成，靠前的殿屋顶为硬山卷棚，而靠后的殿的屋顶为歇山顶，均铺设琉璃瓦，其他装饰可参见大拜殿描述。药王殿和马王殿也同样设有月台，侧面以石墙为主，高处设有圆窗。两殿的结构为统一整体，屋顶设有排水天沟，靠后殿堂设有阁楼。

这里还要提到的是社旗山陕会馆的道坊院，它是社旗山陕会馆的附属院落，相当于开封山陕甘会馆的东西跨院，又名掖园宫、接官厅，其建筑风格融合北方四合院建筑与南方民居和园林建筑风格于一体，从建筑的平面图可以看出道坊院外的园林布置。从整个道坊院的平面图可以看到，形制类似于一般的小型山陕会馆，南面设有戏台，入口亦从戏台穿过，东西两侧为厢房。北面为主殿，为硬山，前有卷棚檐廊。此道坊院的特别之处，一方面是从建筑布局和形制上看较为完整，相当于"迷你"的山陕会馆，另一方面是其功能使用的特别，是管理会馆的道士平时居住之地，也为接待联络官府人员的场所。这是会馆具有作为民间商会与官府斡旋功能的实物见证，具有重要的研究价值，在全国现存会馆类建筑中独此一家，堪称"全国之最"[1]。

---

1 引自百度百科中"社旗山陕会馆"词条。

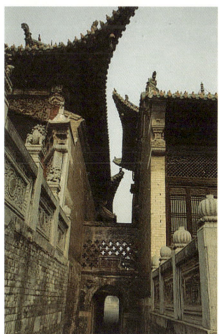

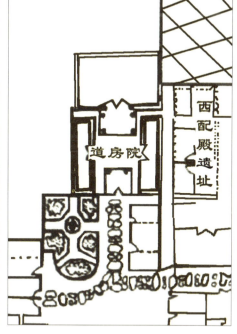

上图：社旗山陕会馆药王殿

下左图：社旗山陕会馆大拜殿与药王殿之间的通道

下右图：社旗山陕会馆道坊院平面图

● 厢房

在前文写配殿的章节中提到了配殿、厢房、廊房的区别，这里所说的厢房指的就是辅助用房中不供奉神灵的普通用房。这些用房一般分别处在主要庭院和次要庭院的轴线两侧。建筑屋顶一般为硬山式或悬山式，如周口关帝庙的厢房为悬山式。一般厢房也有基座，通常不高，约为0.5至0.8米左右，建筑面宽一般较长，占据主要庭院的东西两侧，进深较窄。山陕会馆和关帝庙的厢房形式一致，例如，洛阳潞泽会馆厢房与朱仙镇大关帝庙厢房基本一致。还有一些山陕会馆的厢房是没有檐廊的，如开封山陕甘会馆的东西厢房和社旗山陕会馆的东西廊房就不设檐廊。

在山陕会馆的厢房中比较特殊的是四川自贡西秦会馆的厢房。西秦会馆的厢房上下两层全部开敞，未设隔断，这无疑为西秦会馆的戏楼献计楼提供了更多顶部有遮挡的观演空间，这也是为了适应四川多雨季节。开敞的厢房二层与戏楼、耳房相连，同抱厅一起形成一个通畅的回廊，使得整个观戏前区空间流线简洁、通畅。整个两厢与前方抱厅均用轻灵的卷棚顶。但在两厢长长的卷棚顶中还有变化，左右各做贲鼓阁、金镛阁，采用重檐歇山顶。从西秦会馆各建筑屋顶鸟瞰其翼角高翘临空，打破了两厢卷棚的单调。这是山陕会馆中非常罕见的做法。这样的设计放到现代建筑中也是妙笔，体现在几个方面，首先，该建筑群体中没有钟鼓楼，而"贲鼓"的意思即为大鼓，"金镛"的意思为大钟，所以笔者猜测两阁的功能基本代替了钟鼓楼。其次，将两阁镶嵌在厢房的中间，打破了一般厢房横向的延伸，不会让厢房变得冗长。并且，两阁相对而座，形成两个副舞台，增加了表演效果。再次，两阁与献计楼采用相似的形制，均是重檐歇山带飞檐，和献计楼形成良好的呼应关系。

上左图：周口关帝庙厢房

上右图：洛阳潞泽会馆厢房

下图：自贡西秦会馆金镛阁与献计楼呼应

● 春秋阁

春秋阁，又可称为春秋楼。春秋楼的存在是山陕会馆继承关帝庙形制的最好证据。关帝庙中往往在轴线尽端建有春秋阁，这是关帝祭祀的一个特点。除了供奉关帝的主殿大拜殿外，往往建造与关帝密切相关的体量高耸的楼阁建筑——春秋楼。楼内因供奉关羽夜读春秋图或神像而得名，一般为体量高耸的楼阁建筑。例如，在解州关帝庙的轴线尽端就设有春秋阁，可以说它已成为各地山陕会馆春秋阁的"范本"。周口关帝庙春秋阁也设在轴线尽端，形制与解州关帝庙相似，高约17.5米，底层用石柱承托腰檐及二层平座，形成周围廊，悬浮在空中。

山陕会馆中也有很多在轴线尽端上建有春秋阁。春秋阁往往建筑体量较大，为两层建筑，面阔一般为五间。下层大多有基座，建筑外圈有檐廊和披檐。上层外层开敞，设有栏杆。屋顶一般为重檐歇山，如开封山陕甘会馆[1]、聊城山陕会馆、邓州山陕会馆、荆紫关山陕会馆、社旗山陕会馆、洛阳潞泽会馆等。其中社旗山陕会馆春秋阁最大，下为台阶，面阔七间，进深六间，三重檐琉璃歇山顶，每层都设有平台栏杆及回廊，高达十丈十尺。前有拜殿，两侧有配殿，可惜现已不存。山陕会馆对于春秋阁的设置相对关帝庙灵活，如淅川荆紫关镇的山陕会馆将春秋阁作为建筑群的主要建筑，自东向西，轴线上布置大门、戏楼、春秋阁、后殿、卷棚，春秋阁位于建筑群中部。

除此以外，还有一些附属的建筑连接起这些建筑，这其中包括除了山门以外的"门"：如开封山陕甘会馆的翼门，社旗山陕会馆的辕门和洛阳山陕会馆中的掖门。这些"门"面宽较小，但是在山陕会馆中起着重要作用，屋顶的形式常用歇山。这些建筑的形式较其他建筑更加灵活，根据在建筑群体中的布局和周围建筑的影响而产生变化。

---

1 开封山陕甘会馆春秋阁已毁。

解州关帝庙春秋阁

上图：周口关帝庙春秋阁侧景
中图：洛阳潞泽会馆春秋阁正面
下图：开封山陕甘会馆翼门

社旗山陕会馆辕门二层造型组图

开封山陕甘会馆的翼门是因其位置而得名，其位于照壁两侧，好似壁体的两翼，故而名曰"翼门"。它与照壁高低错落，组成了一个好似"山"字形的整体。翼门高7.8米，体积庞大沉重，达16吨左右。为两根柱子所擎撑，上部为歇山顶，同照壁互相衬托，十分壮观。它由正脊、四条垂脊和四条俄脊组成，故又叫做九脊顶。

社旗山陕会馆的东西辕门位于前院中部东西两侧，虽处于会馆建筑中轴线两侧的附属地位，却是会馆整体组合艺术中不可或缺的重要单元。其城楼状的艺术外形，给人以先声夺人的感觉，入其门即生一种肃然之气。下设砖结构成堞形台基与门洞，上立单檐歇山木构门楼，高13.92米。辕门台基面阔6.8米，进深4.56米，高4.19米。拱形门道，青砖砌成，上层为城楼，四面以青砖垒就箭垛城堞，门洞上方前后各嵌门额及题匾，以云龙、花草等图案为外框。外门额分刻"东辕门"、"西辕门"，内额东刻"升自阶"，西雕"阅其履"。辕门之上为单檐歇山顶，以12根木柱高高撑起，最外层高悬12根垂花柱，连以雕花板，斗拱耍头及悬挑构件所雕龙首形象有11种之多，从建筑的立面测绘图可以清晰地看到这图案。

除了以上"门"以外，山陕会馆中还有一些辅助建筑小而精致，如社旗山陕会馆中的马厩，马厩建筑虽小，装饰亦简，但车马相连，可谓艺术匠心别具。社旗山陕会馆马厩面阔三间5.2米，单檐硬山卷棚顶，墀头砖雕饰蝙蝠、宝相花图案。前为开敞形，内原塑马两匹，东为关羽坐骑"赤兔马"，西为刘备坐骑"的卢马"，马前各立一马童。

社旗山陕会馆辕门

2. 关帝庙与山陕会馆的构造特征

如前文所述，山陕会馆这种建筑类型在目前的建筑分类中，是一种难以界定的、复杂的建筑类型。但是由于找到了山陕会馆和关帝庙的种种渊源，笔者认为山陕会馆已经完全倾向于官式建筑的形制，所以山陕会馆在等级制度森严的封建社会里，是平民使用的官式建筑，山陕会馆的种种构造形式和做法都与清代官式建筑一一对应。而在清代，清工部[1]颁布了统一的官式法则——清工部《工程做法则例》。由于各地区建筑技术发展的不均衡性和传播辐射的时间差，因此除了北京受到较大影响，其他地区可能会出现古今之法交织并行的现象，出现自己独特的地方手法。河南作为中原的核心地区，掌握各商业贸易要道，拥有最多数量的山陕会馆，在这一点上尤为突出，有着自己独特的地方手法。而且，"经初步调查，与河南毗邻的山东、山西、陕西、湖北、安徽和江苏等省全部或一部分地区的明清地方建筑手法，与河南同时期地方建筑的建筑手法相同或相近"。[2]各地山陕会馆的构造做法呈现了多样化的特征，很多山陕会馆建筑中的构造装饰呈现了官式建筑的做法，但同时又有地方手法。接下来将这些在调研过程中发现的山陕会馆构造做法的共性和部分多样化的特征加以分析。

（1）建筑构造灵活性表现在大量使用"减柱造"和"移柱造"

清代官式建筑的平面几乎全是纵长横窄的长方形，柱子排列规整，很少采用"减柱造"。其建筑平面不像以前先定面阔、进深的尺寸，而是按照斗拱的攒数定面阔和进深的尺寸。这一点在山陕会馆的建造中产生了变化，山陕会馆的很多建筑采用了"减柱造"[3]和"移柱造"[4]，并且是运用在大殿、拜殿等主要建筑中。例如，社旗的大拜殿将明间金柱向墙隔移去，大座殿将明间金柱减去，以通长的大柁承重。洛阳潞泽会馆的戏楼则减去了次间的金柱，大殿减去明间金柱。另外，戏楼通常采用四柱三开间的形式，为了唱戏和观戏的需要，戏楼平面呈"凸"字形，将

---

1 清代工部设于天聪五年（1631），是管理全国工程事务的机关。

2 杨焕成：《河南明清地方建筑与官式建筑的异同》，《华夏考古》1987年第2期。

3 古代建筑柱网平面中减掉部分金柱的做法。出现于11世纪后，辽金时庙宇建筑常用此种做法，可使室内空间宽敞，明以后少用。紫禁城内保和殿、乾清宫、坤宁宫等尚保留此种做法。

4 在中国古代木结构建筑中，将若干内柱移位，增加或减少柱距，以达到所需要空间和功能的做法。这种做法常见于宋、辽、金、元时代的建筑中。在建筑史上，一般认为是因为宋代的营造法式限制较少，使建筑设计能有弹性创造的空间，才会有移柱造这样的手法出现。

前排檐柱的中间两根柱子向前移出，或者采用移柱造的做法，将前金柱的中间两根减去。在二层平面上，为了演出方便的需要，通常省去前排中间的两根中柱。采用山门和戏台合建、拜殿和座殿合建的做法，更是大量采用勾连搭结构的方式。

采用减柱造或移柱造以及勾连搭的形式，有几方面的原因，首先是功能的需求，山陕会馆往往集合了大量的商人甚至前来祭拜、观演的群众，需要面积大而开阔的建筑室内空间。勾连搭的形式将几座建筑连在一起，构成巨大的平面。减柱造与移柱造可以减少柱子对空间使用的干扰，获得开敞的空间。其次是场地的限制，前文说到很多山陕会馆是在宅、庙的基础上加建而成，在现有的用地限制基础上创造更大体量的建筑，采用这样的节地做法是不得已而为之。再次，山陕会馆深受祠庙建筑的影响，而在清代的祠庙建筑中也大量采用了这样的做法，增加祭祀礼仪次序的纵深感，拥有祭祀功能的山陕会馆同样效仿。另外就是经济原因，虽然山陕商人经济实力雄厚，但远不及官式建筑建造可基本不受资金限制的影响，勾连搭的建筑形式以及减柱造或移柱造正是民间匠人在省工、省料、省资金的前提下充分发挥智慧的结晶。

（2）建筑构造标志性表现在斗拱的运用

斗拱是山陕会馆构造中最具有标志性的构件，斗拱的应用使山陕会馆建筑区别于河南、四川境内的其他建筑甚至它是会馆的重要特征所在。一般的山陕会馆是有斗拱的大式大木作。清朝《工程做法则例》中对斗拱的应用作了明确的要求，限制民居中斗拱的应用，而山陕会馆借助关帝庙突破了这个限制。

解州关帝庙牌坊上的斗拱

在关帝庙中，斗拱的应用随处可见。例如，在解州关帝庙中，牌坊和春秋阁上的斗拱精美绝伦，斗、拱、昂、瓜柱等属于官式建筑的做法，山陕会馆继承了这些做法，不过在处理上更加富有标志性。

这种标志性表现在"斗"上，清代的构造从明代的简约和纯粹的风格过渡到以装饰为主，这一点在清代官式建筑上表示得极为明显。清代官式建

解州关帝庙斗拱细部组图

筑的大斗几乎全是方形，已不复前代的圆栌斗和瓜楞栌斗，清初还稍存斗，清代中期以后完全消失。而有一些山陕会馆建筑的大斗，不但有圆形和瓜楞形，还有很多讹角大斗。不过承接了清代构造的装饰性风格，在大斗耳腰雕刻莲瓣或其他花卉，甚至通雕花卉。如洛阳的潞泽会馆、开封的山陕甘会馆等。社旗山陕会馆表现形式更为丰富，在社旗山陕会馆斗拱大样图中，既有方形高底大斗，也有圆形大斗浮雕花卉，圆形大斗四面起线。

社旗山陕会馆殿内斗拱

拱身部分也有自身特征。大部分山陕会馆多将拱身作为雕刻艺术构件来处理，在拱身浮雕或透雕龙、凤、花卉等。如自贡西秦会馆的拱身浮雕花卉，在洛阳潞泽会馆中的斗拱通体用梯形木块刻出正心瓜拱和正心万拱。除此之外，拱的形制还有内檐与外檐之差，在周口关帝庙的大殿中有所体现。

斗拱的独特性在昂上也表现得十分明显，清代官式建筑全用假昂，出两跳的斗拱也多用重昂的形式，一般不用斜拱斜昂。而在山陕会馆中多用斜翘或斜昂，且翘、昂身多雕刻龙头、象鼻等。洛阳潞泽会馆戏楼及正殿出45°斜翘，翘身雕刻花卉，后殿出45°斜昂。南阳社旗山陕会馆悬鉴楼戏台出45°斜翘，其他出45°斜昂；大拜殿及厢房出45°斜翘；昂背坐瑞兽。

要头的装饰性更为奢华。例如，洛阳潞泽会馆要头雕刻成卷草纹样，开封山陕甘会馆要头多为三幅云形状，正殿要头为龙头。社旗山陕会馆斗拱要头多为龙头或象头，其中社旗山陕会馆大座殿一层平身科要头后尾雕刻成卷草形，柱头科及角科要头后尾变成双步梁插入老檐柱，二层角科与山面柱头科要头后尾悬挑垂花柱。垂花柱的运用在各山陕会馆中各不相同，特别在结构构件的转角处，悬鉴楼以及辕门斗拱正面悬挑垂花柱，洛阳潞泽会馆的转角构件则相对简洁。

在山陕会馆中还有连续斗拱的出现，这是结构构件装饰化极致的表现。这样连续斗拱一般出现在牌坊挑出的屋檐之下，在关帝庙的数座牌坊中都可以看到。而这种做法也出现在聊城山陕会馆，在聊城山陕会馆的戏楼斗拱运用连续斗拱，斗拱的

自贡西秦会馆斗拱

洛阳潞泽会馆斗拱

周口关帝庙内檐斗拱

周口关帝庙外檐斗拱

洛阳潞泽会馆转角构件

聊城山陕会馆戏楼斗拱

右上图：西秦会馆牌楼上的铜钱斗拱
右下图：荆紫关山陕会馆大殿铜钱斗拱

昂一般较为简洁，整齐地排布为矩阵的形式。这样的连续斗拱还有一种更有特色的形式，即为铜钱斗拱，例如在西秦会馆牌楼上的铜钱斗拱，将昂的末端变形为铜钱形状的镶金木雕。这种铜钱斗拱的形式在荆紫关山陕会馆的大殿上也同时出现，虽然这里的铜钱斗拱已经由于风雨侵蚀而颜色黯淡，但是部分铜钱斗拱的幸存足以让人想象当时整个连续铜钱斗拱的序列式美感。铜钱斗拱的意义在于几个方面：一是铜钱斗拱的出现标志着斗拱这一构件结构作用的完全消失，因为铜钱斗拱已经完全覆盖了斗拱原有的形态特征，二是铜钱斗拱最真实地反映了在关帝庙到山陕会馆演化过程中的商业化印迹，山陕商人将他们的行业特征直接反映在建筑的结构装饰上。

（3）建筑构造规范性表现在梁、架、柱的结合

在清代官式建筑的梁、架、柱结构上，有这样一些变化：首先，建筑构造用材的比例发生变化。清代官式建筑檐柱柱径与柱高的比例发生变化，大比例一律为1∶10，柱身比例变细长了。山陕会馆则大于官式建筑的规定，例如社旗山陕会馆的柱径与柱高比均在1∶10以上，其中马王殿与药王殿达到1∶17.86。另外，梁用材随时间发展截面比例尺度有由细变粗的过程，在唐代，构造梁的截面高宽比多为2∶1，宋代则为3∶2，在清代官式建筑梁的截面高宽比达到了10∶8或12∶10，并出现包镶法 [1]。在周口关帝庙、朱仙镇大关帝庙中，梁的尺度也符合这一比例；其次，在清代，内檐各节点斗拱减少，梁架与柱直接卯合，将各构架直接架于梁头，这是其在简化结构上的进步；再次，清代官式建筑梁架节点几乎全用瓜柱，很少用驼峰，基本不用叉手 [2] 与托脚 [3]，例如自贡西秦会馆大殿之前的卷棚结构。当然，这些规则也不是绝对的，还有一些建筑结构加以变化，例如周口关帝庙建筑中在大梁与柱之间有功能类似于叉手，而结构形式又类似于斗拱的构件，起到了结构稳固的作用又带有装饰性。最后，清代官式建筑的一些特点在山陕会馆的结构体系中均有所体现。山陕会馆遍布全国各地，但是建筑大部分遵从山西、陕西建筑形制，属于北方结构体系，以抬梁式为主。

山陕会馆的一些局部结构构件也很有讲究，例如大柁、角背、平板枋、额枋等。山陕会馆结构体系下的构件装饰大多以彩绘为主，而在以上的结构构件上有精

---

1 在较细的柱子外面，拼装一层厚板。

2 古代建筑用语，又名"斜柱"。一种建筑构件。

3 斜置于下一层梁的梁头和上一层檩条间的构件。

朱仙镇大关帝庙梁架内景

自贡西秦会馆卷棚梁架

美的雕刻。山陕会馆大柁外露出头硕大且多有雕饰。例如洛阳潞泽会馆大柁出头雕刻卷草，而山陕甘会馆大柁头上钉有木雕老虎头；另外，山陕会馆建筑中用平板枋与大额枋拼接，断面均呈"丁"字形。额枋是建筑木雕艺术的重点体现部位，在后面章节关于装饰和细部的特点中将着重探讨。各山陕会馆平板枋的做法大不相同，平板枋正面有的呈鼓壁状，如洛阳潞泽会馆与南阳社旗山陕会馆；有的平板枋呈方形，如开封山陕甘会馆，平板枋与大额枋布满雕刻；也有的平板枋出头大额枋多不出头，大额枋布满雕刻。

雀替也是山陕会馆建筑木雕艺术的集中体现，雀替的形式在山陕会馆中也格外丰富。例如，在社旗山陕会馆中的雀替与洛阳潞泽会馆中的雀替形态上相差很大，社旗山陕会馆的雀替呈竖直状，耳朵型，与额枋上的雕刻连为一体，以卷草式云纹雕刻为主，这种雀替形式与解州关帝庙的雀替颇为相似；而洛阳潞泽会馆的雀替整体轮廓为方形，上有龙纹雕刻，雀替雕刻自成一体，额枋较为简洁。值得一提的是，柱头上部，两雀替之间常常还有一些雕刻，这些雕刻看似是次梁与柱搭接突出的部分，实际上只是装饰作用。在社旗山陕会馆和解州关帝庙的柱头上均可见此装饰。

（4）建筑构造实用性表现在构造的设计

在构造设计上，一方面满足建筑功能需求，一方面满足美观需要，山陕会馆的构造设计可谓是独具匠心。例如，在建筑的排水设计上，自贡西秦会馆别具一格，在大殿前设卷棚，卷棚与大殿之间为抱厦。而整个抱厦相当于一座石拱桥架在水池之上。这样新颖的设计方式，不但使庭院空间更加丰富，而且解决了多个方向屋顶排水的困难，更重要的是聚水则是聚财，对于山陕商人有着更重要的意义。

在院落的排水构造处理上，社旗山陕会馆也有不

上图：社旗山陕会馆雀替局部
下图：解州关帝庙雀替局部

自贡西秦会馆抱厦和排水

左图：自贡西秦会馆抱厦

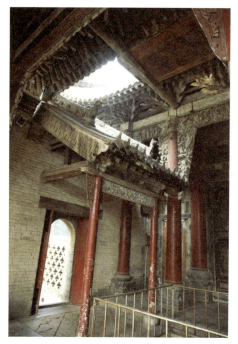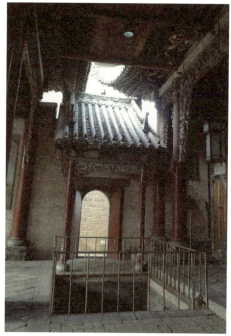

社旗山陕会馆院落排水构造组图

自贡西秦会馆两殿之间的排水构造

同的做法。在大拜殿和大座殿之间，虽然建筑有结构上的勾连搭连接，但是长期的雨水冲刷也会造成不小的荷载。社旗山陕会馆在中间设天井，并在门洞上搭披檐，使得水能够顺利地通过披檐流到天井的水池中，创造了丰富的庭院空间，并在建筑内部的通风采光等方面提供了有利条件。

还有一些排水构造和装饰性相结合。例如，在自贡西秦会馆侧院内的山墙上，有一处排水构造，形态是一只龙头伸出墙外，龙口中还伸出几尺长的棍形装饰，引导排水。这样的细部构造在山陕会馆中还有很多。

（5）建筑构造多样性表现在材料的使用

建筑材料是组成建筑的物质基础，同时也是表现建筑形象的物质载体。在山陕会馆中，山陕商人凭借这些物质载体，通过一定的构造方式，才造就出色彩纷呈、千姿百态的各山陕会馆。在山陕会馆中建筑材料的运用具有多样性，首先，根据不同的承重需要，构件采用不同的建筑材料。例如，在戏台之下的承重柱多为石材，为承受上部表演所需要的较大荷载，而戏台的上部多为木柱，用来减少戏台的自重。也有一些体量更大的戏台上下均用石柱，如社旗山陕会馆悬鉴楼即是如此。在木柱中，根据不同的承重需要和装饰需要，木材的种类也多种多样。由于在明清时期，山西、陕西两地的雕刻艺术已经非常成熟，其中，山西的砖石雕刻在唐代时期的基础上又进一步发展，而山西的民间雕刻艺术也在全国范围内处于领先地位，是北方建筑雕刻艺术的代表。再加上山西、陕西两地商人强大的经济实力、活跃的思维、高雅的审美，非承重的结构构件成为雕刻艺术的重点体现，在后面章节对于山陕会馆的装饰和细部将重点分析。

（6）建筑构造装饰性表现在结构构件的装饰化

从明代到清代，建筑各个层面的构件都从单纯的结构化慢慢走向装饰化，并将这种装饰化推向极致。在山陕会馆建筑中，清代建筑构件的装饰化体现得尤为明显，这与山陕商人雄厚的经济实力和极力彰显身份地位的心理是分不开的。从开封山陕会馆大殿转角和结构构件的装饰化就可以看出。这一点也受到了关帝庙的影响，在关帝庙中，这种结构构件装饰化的特点也表现得很明显，例如在开封山陕会馆的大殿结构构架上，斗拱基本完全消失，并设有几层雕刻精美的枋，在转角结构装饰上最为华丽，枋与柱搭接处都出头，上面的雕刻以龙为主题，色泽鲜艳，龙身一般镶金。这种做法与周口关帝庙大殿转角处的做法如出一辙，特别是方形枋出头的形式极为相似，不同的是在装饰的主题上有所不同，开封山陕甘会馆的雕刻主题以龙为主，而周口关帝庙中的雕刻主题以植物纹饰为主。

周口关帝庙大殿转角构造

左图：开封山陕甘会馆结构构件装饰化

三、关帝庙、山陕会馆的装饰与细部

山陕会馆建筑在所有的会馆建筑中是规模最大的，同时装饰最为丰富，细部最为丰富。首先，由于山西、陕西商帮的经济地位和政治地位决定了建筑的级别；其次，山西、陕西有大量的建筑材料供应，成为全国建筑材料的供出地；再次，山西和陕西存在大批手艺精湛的匠人，这些建筑艺术随着山陕会馆的广泛建立而传播到全国各地。因此，山陕会馆成为古代建筑技艺集中体现的建筑类型之一。山陕会馆的装饰和细部受到关帝庙的影响加以传承和发扬，并结合山西、陕西两地的地域文化与商人的身份、心理、行为特征，这些装饰与细部的巧妙、精致、丰富程度令现代艺匠可望而不可及。

1. 关帝庙与山陕会馆的装饰题材

山陕会馆中，建筑的选址主要决定于建筑整体体量，布局主要决定于建筑的功能排布和空间氛围，建筑的构造决定于建筑单体的体量、风格、空间，而建筑装饰可提升建筑的格调。山陕会馆的装饰遍及建筑的各个部分，既包括柱础、额枋、照壁等极为显眼的地方，也包括一些极少人会注意的细节，例如在开封山陕会馆的戗脊侧面，也雕刻有精美的卷草花饰砖雕，如此可见，山陕会馆建筑多被全方位地覆盖了装饰。在几百年之后的今天，这些雕刻依然能成为现代雕刻艺术的楷模，不仅得力于雕刻技艺的精湛，还得力于装饰题材的丰富性。从整个中国古代建筑的装饰题材来说，种类十分繁杂，可以说达到包罗万象的地步。从日月星辰到万物生灵，从山川河流到花卉树木，从现实动物到想象瑞兽，从存在实体到传说故事，无不包含在内。山陕会馆的装饰题材最能反映这一建筑类别的文化精髓，下面笔者将按建筑装饰题材分类进行阐述。

（1）动物装饰

吉祥图案是中国传统建筑广泛运用的装饰要素之一，主要围绕福、禄、寿、喜及其他吉祥寓意主题，而动物装饰又是吉祥图案中运用较为广泛的种类。这些动物包含了真实存在的动物，包括蝙蝠、山雀、鹭鸶、喜鹊、狮子、梅花鹿等，还包括龙、凤、麒麟等传说中的动物。还有很多雕刻题材将动物与其他物品或者植物相结

开封山陕甘会馆戗脊侧面装饰

合，如"狮子滚绣球"、"麒麟梅花鹿"、"鹭鸶荷花"、"山雀玉兰"等。

山陕会馆中大部分现实存在的动物题材与其他宫殿建筑和民居建筑类似，例如颇有地位的民居建筑前也摆放石狮，另外，很多题材为民间广为流传的寓意吉祥的动物，如喜鹊等。此外，山陕会馆中也有独特的动物题材，如石雕"二龙戏珠"，在宫殿建筑中极为常见。这一主题也常出现在山陕会馆的照壁上，例如在社旗山陕会馆和开封山陕甘会馆的照壁上，虽然两者的雕刻在材质和形式上有所差别，但是在"二龙戏珠"这一主题的表现上完全一致：同为两条龙首尾相连，互成180°轴线镜像，共戏一只蜘蛛，有别于一般的"二龙戏珠"图案。不同的是社旗山陕会馆照壁上的蜘蛛更为具象，而开封山陕甘会馆照壁上的蜘蛛经过艺术抽象的处理。经过调研，笔者发现有关蜘蛛这一装饰主题颇有渊源，关于"珠"为何演化为"蜘蛛"的形式有多种说法，有的说是因为蜘蛛的外形很象汉字"喜"，寓意喜事连连，因此古人认为蜘蛛是一种预报喜事的动物；还有说法认为蜘蛛谐音为"知足"，是规劝人要知足常乐；另外一种说法认为蜘蛛有八只脚，意思是可以八面来财。笔者认为这几种说法从蜘蛛的形态、名字、身体通过谐音、象形等方式与吉祥的文字相联系，都具有说服力，也非常能够反映出山陕商人身在客地的心态和经商的职业特色。

　　除了建筑大门口的石狮和麒麟之外，建筑的挑角和屋脊两端是最常出现兽的地方，例如，在解州关帝庙中各建筑单体的挑角和屋脊端部装饰均为动物，但题材却各不相同。这些兽除了包括有常见的动物完整躯体如朱雀外，有的是动物的局部，比如将龙头狮首作为挑角兽，这类兽大多昂头挺胸，龙口或狮口大张，气势十足；还有的是动物的变形，如有鳄鱼头鱼身或者麒麟头龙身的结合型兽，这类兽大多张口反咬住屋脊，尾巴向上；另外还有多条龙组合成的正吻，形式更为复杂。在解州关帝庙中出现的这些吻兽也出现在山陕会馆中，可以说，解州关帝庙多样的吻兽装饰足以构成一个吻兽博物馆，供各地的山陕会馆借鉴和模仿。

　　在这些多种多样的吻兽中，有一类是庙宇建筑中常见的典型吻兽，而在实地调研时发现这种吻兽也常在山陕会馆中出现，这种吻兽称为鸱鱼。传说鸱鱼是龙子，龙首鱼尾。鸱鱼的形成有悠久的历史，在唐代"鸱尾"的构造由原来鸱尾前端与正脊齐平衔接改为口衔正脊相连，故名"鸱吻"。到了元代，这一饰件造型逐步摆脱"龙首鱼尾"，成为龙的躯体，故称"龙吻"。鸱鱼这种龙吻的背上往往插一支宝剑，原因有多种传说版本，有的说法是怕鸱吻不甘守屋脊，逃回大海，所以把它钉住，让它永远喷水镇火；还有说法是宝剑是用来镇"气"用的，一般的剑是镇不住它的，而龙吻身上所刺的这把剑是许逊[1]的扇形剑；更有说法是龙可以化作剑，因为

---

1 许逊是晋代道士，宋代被封为"神功妙济真君"，法力很大。

解州关帝庙屋脊上的朱雀装饰

开封山陕甘会馆屋脊装饰

社旗山陕会馆照壁上的龙与蜘蛛

周口关帝庙吻兽装饰

很多剑柄或剑鄂常见龙形纹饰。这种背插宝剑的龙吻在开封山陕甘会馆屋脊上和周口关帝庙屋脊上的琉璃装饰中均有体现，从装饰题材和具体形态上清晰地反映了关帝庙和山陕会馆的共性。

（2）植物装饰

植物也是山陕会馆装饰的主要题材之一，这些植物装饰与中国其他传统建筑的植物装饰没有特别不同的地方，只是在取材范围上更加广泛，比一般的府邸和宅院的植物装饰更为丰富和多样。首先，山陕会馆和关帝庙的植物装饰大多以连续重复的形式出现在跨度较长的建筑构件上，如屋脊、额枋等，并且这些装饰的重复将较长的跨度分为若干等分，如在解州关帝庙的屋脊上就出现了重复的三朵菊花和将它们连接起来的形态相同的卷草。这些卷草虽在形态上大致相同，但是由于不是如现代工业的批量生产，而是由古代匠人亲手雕刻，卷草花纹之间也小有区别，使即便是重复的花纹也不显得枯燥和乏味。

其次，植物装饰有的非常具象，从形式到色泽，上文提到的解州关帝庙的屋脊菊花装饰便是如此，而有一些植物装饰则比较抽象，如开封山陕会馆中枋上的植物雕刻，形成较强的韵律感和序列性。另外，很多植物装饰与自然界其他物体或者生活中的用品相结合，在开封山陕甘会馆中龙头型要头旁边的装饰为浪花形，寓意龙从海中升腾出来，在龙型要头的下部植物花纹雕刻的间隙中还有宝瓶和香炉，寓意生活平平安安和生意蒸蒸日上。

最值得一提的是开封山陕甘会馆主体建筑的雕刻，这是一组连续的以植物装饰为主体的大型木雕，有花草、鸟兽、山石盆景和八宝图案等题材，挑檐下面的要头全部雕成龙头，整体雕刻均以缠枝花草为陪衬使其成为一体，在竹、兰、灵芝、芭蕉、山石盆景之间，又雕上蝙蝠、山鹰、鹿、马、狮、虎等兽，再加上"松鼠葡萄"、"鸳鸯卧莲"等图案，使整个雕塑呈现轻松活泼、自然清新的气息。在枋的下面坠有26朵垂花，一律为镂空透雕，并配有金瓜、石榴、莲蓬、葡萄等多籽植物。这些瓜果均有特殊寓意，而多籽植物则象征着多子多福。其中，最为有名的是雕刻"松鼠葡萄"，这些葡萄每一颗都非常饱满，精湛的雕刻技艺让串串葡萄中的每一颗都看似分离又紧挨在一起，每串葡萄通过藤蔓连接成为一个整体，松鼠在葡萄藤之间穿梭，看似对称，但是又富有变化。这一雕刻成为山陕会馆中植物雕刻题材的经典案例。

（3）人物装饰

其实，人物装饰在中国古代建筑装饰艺术中也较为常见，一般以人物群体描绘出情节和场景。而孤立的人物题材是关帝庙与山陕会馆建筑的一大特色。在解州关

上图：解州关帝庙屋脊上卷草花纹
　　　装饰间有着细小区别
中图：开封山陕甘会馆雕刻题材
下图：开封山陕甘会馆木雕局部

解州关帝庙屋脊上的菊花装饰

帝庙的主要建筑挑角上基本都有独立的人物雕刻，这些雕刻人物一般坐在戗脊的端部，靠近檐角，服装华丽，神态怡然，目视远方，动作丰富。与檐角龙头配合在一起，仿佛身坐船头，扬帆远航。这些人物雕刻也出现在一些山陕会馆的建筑屋顶当中，成为山陕会馆的标志性装饰题材。

（4）情节装饰

这里说的情节装饰主要指有多个元素组合成具有情节感或者形成场面的复杂装饰。出现情节装饰的地方多种多样，包括出现在山门上的砖雕或石雕，以及出现在戏楼额枋上的木雕。这些题材主要以多个人为主题，并配合有场景画面感的其他生活物品和自然界物体。情节装饰的具体内容丰富多样，有的是神话故事，例如，在社旗山陕会馆的大拜殿和大座殿檐下就有以木雕描绘的"西游记"、"封神榜"、"八仙过海"中的画面。还有一些是历史典故，以真实的历史典故为装饰题材也是山陕会馆建筑中最为常见的形式，在这一点上完全继承了关帝庙建筑的装饰题材，主要是因为山陕会馆建筑传了关帝庙的祭拜关公的功能。所以，在山陕会馆历史典故装饰题材中以三国故事居多，主要通过描绘关羽生前的英雄事迹歌颂关公的品德和情操。

三国时期历史典故系列的装饰题材，通常出现在建筑的不同地方，但是内容较为相似，例如开封山陕甘会馆牌坊四角楼下，走马板上分别绘制八幅关羽壁画，包括有：关羽"挂印封金"不辞而别，离开曹操，结束了"身在曹营心在汉"的俘虏生涯，然后是"过五关，斩六将"、"古城会"、"三顾茅庐"等故事。牌坊正面明间额枋上同样为其他三国人物的英雄事迹，左边是"长坂坡前救阿斗"，赵子龙怀揣后主，用静态的画面表现了战争场面的动感，右边是"刘备访庞统"，画中刘备身披红袍，拱手而立，略有歉意。而庞统却手扶酒坛，大坐不起，态度颇傲慢，构图精练，刀法简约，用简单的画面表现了复杂的人物个性和性格。

在社旗山陕会馆悬鉴楼前西次间石栏板上也雕有历史典故三幅，一为"职贡图"，描绘了西域各国派使者牵奇兽、捧异宝朝圣的情景；二为《三国演义》中"走马荐诸葛"，刻画了徐庶向刘备推荐诸葛亮的场景。而悬鉴楼东次间石雕，分别是"戍边图"、"秦叔宝三挡杨林"和"押囚图"。悬鉴楼北面，门口东侧石雕描述的是历史典故"圯桥进履"和"刘备马越檀溪"，西侧为《三国演义》的"赵子龙大战长坂坡"和"杯羹之让"。另外还有大座殿两次间额枋下的雀替上雕刻的"秦叔宝双铜救唐王"等历史故事。[1]

1 参见李芳菊、骆乐、王云雪：《论社旗山陕会馆商文化中的儒、佛、道融合》，《中州大学学报》2005年第1期。

上图：情节装饰之赵子龙大战长坂坡
中图：情节装饰之赵子龙近景
下图：情节装饰（左为许褚大战马超，右为蒋干盗书）

山陕会馆将这些以三国时期著名事件为历史背景的故事作为雕刻题材，事实上是传承了关帝庙中的装饰题材。亳州大关帝庙中遐迩闻名的花戏楼就有这些三国戏文。戏楼的额枋上雕刻有十八出三国戏文，整套雕刻均为立体雕刻，富有层次感，并且分为里层和外层雕刻。戏台的正上方外层雕刻的是赵子龙大战长坂坡，面东的几幅从南向北分别为"三气周瑜"、"孟德献刀"、"许褚大战马超"以及"蒋干盗书"等。楼上面西外层从北至南的是"吕布刺丁原"、"空城计"、"阚泽献诈降书"、"张飞夜战马超"等。关帝庙中的这些建筑题材在山陕会馆中得到了继承。

除了额枋上的木雕、石板上的石雕，还有山门上的砖雕。在亳州大关帝庙的山门正面砖雕多是戏文掌故，其中著名的有"吴越之战"，描述的是春秋时期越王勾践先是当了吴国的俘虏，后来卧薪尝胆使越国富强起来的故事。另外还有"三酸图"、"甘露寺"、"三顾茅庐"等经典题材的砖雕。无论是木雕、石雕还是砖雕，以三国为题材的装饰题材为山陕会馆和关帝庙的装饰特色，也是最具文化性和艺术性的建筑装饰艺术。

除了神话故事、历史典故以外，民间故事、民俗民尚也是较为广泛的古建筑装饰题材，有的反映出人们对美好生活的向往，有的反映出人们对忠孝气节

亳州大关帝庙门楼下方砖雕——郭子仪祝寿
（左部）

亳州大关帝庙门楼下方砖雕——郭子仪祝寿
（右部）

亳州大关帝庙钟楼下方砖雕——白蛇传
（左部）

亳州大关帝庙钟楼下方砖雕——白蛇传
（右部）

亳州大关帝庙鼓楼上方砖雕——三顾茅庐
（左部）

亳州大关帝庙鼓楼上方砖雕——三顾茅庐
（右部）

亳州大关帝庙鼓楼下方砖雕——李娘娘住寒窑
（左部）

亳州大关帝庙鼓楼下方砖雕——李娘娘住寒窑
（右部）

西秦会馆贴金木雕

的崇尚等。这些民间故事同样以人物群体为主，自贡西秦会馆额枋上的民间故事尤其多。据统计，馆内有人物、故事情节的石雕、木雕127幅。其中，人物雕像居多，计500余人；石雕70幅，独体兽雕24尊，其他如博古、花卉、图案等木雕、石雕数千幅。[1]并且，大部分人物形象都贴金箔，栩栩如生、色泽鲜艳、光彩照人。

（5）文字装饰

文字装饰也是中国古代建筑装饰中较为常见的题材。首先，这一题材常见的形式为牌匾和对联，在山陕会馆中也不例外，在牌匾、对联上常常有歌颂关公的词句，这也是山陕会馆和关帝庙具有特色的装饰题材。例如，开封山陕甘会馆戏楼南立面入口两侧的柱上刻着"浩然之气塞天地，忠义之行澈古今"的楹联，是为歌颂关公一身忠义之气的词句。而社旗山陕会馆更是有大量歌颂关公的匾额，大拜殿大座殿顶是匾额集中的悬挂之地，殿顶悬挂有30余块，层叠排列。匾额内容以颂关公为主，走进大拜殿仰头便见正门内殿顶，"三国一人"匾额，依次上悬"光明正大"、"英灵显著"、"英文雄武"、"浩然正气"等匾。其次，除了这些诗词歌赋，山陕会馆中较有特色的是碑刻，这些碑刻记录了捐献钱财建造会馆的商人的名字，既起到记录的作用又能装饰庭院的墙壁。其实，这一特色也是从关帝庙传承下来，在周口关帝庙的柱础上也刻有记录关帝庙修建情况的字样，成为独特的柱础装饰。

周口关帝庙刻字装饰

---

1 参见郭广岚、宋良曦：《西秦会馆》，重庆出版社2006年版。

还有一些文字装饰虽不多见，但也代表着山陕会馆独特的文化内涵。例如，山陕会馆的装饰题材充满商业色彩。开封山陕甘会馆拜殿两侧的"悬匾"上写着："公平交易"、"义中取财"的商业用语，以警示各山陕商人在经商中应遵守各项原则，共同维护山陕商人在客地百姓心目中的良好形象。再如社旗山陕会馆主殿大座殿前檐两侧所嵌慈禧皇太后御笔之宝"龙"、"虎"二字碑。碑宽0.42米，高0.8米，上圆下方，上方刻一方形篆体御印章，内为"慈禧皇太后御笔之宝"九字。左额亦题"慈禧皇太后御笔之宝"九字，中刻草书 "龙""虎"二字一挥而就，字体潇洒刚劲、一气贯通。由此可以看出山陕会馆在当时的社会地位和政治地位。更加有趣的是，仔细观察一些山陕会馆中的绿地和兽身之上尚有"渚川"、"陈沛"的字样，这是当时修建山陕会馆的工匠秘密留下的地址与姓名，他们为自己精湛工艺而自豪的同时，也表现了他们对自己作品的喜爱和对山陕会馆建筑的喜爱。从这些细节可以窥见山陕会馆建筑装饰题材中含有的丰富的文化内涵。

以上从动物装饰、植物装饰、人物装饰、情节装饰和文字装饰五个大类阐述了山陕会馆的装饰题材以及与关帝庙在装饰题材上的共同特点。其实，中国建筑文化博大精深，装饰题材的广泛性超乎想象，从对这些装饰题材的分析，可以明显发现山陕会馆本身具有的深刻文化内涵：首先，从这些装饰题材可以看出山陕会馆具有儒、道、佛融为一体的神灵文化，这也是由于山陕会馆受到关帝庙的影响，其祭拜的主要对象关羽本身就是儒佛道合一的神灵信仰，关羽为佛教的伽蓝神，同时还是道家的关帝圣君。例如社旗山陕会馆以佛家莲台为基座，以儒家敬关公为主旨，以提倡学而优则仕为主调，融儒、佛、道三教为一体的琉璃照壁，[1] 清晰表达了他们崇尚信义、向往美好生活的愿望。在具象装饰题材方面，常常出现代表道家的龙纹饰，以及代表佛家的大象雕刻，还有展现习武之人英勇善战气概的人物雕刻，这些都充分展现了山陕商人对宗教文化和传统文化接受的广泛性和包容性。其次，通过山陕会馆的装饰题材还可以看出，山陕商人将他们的崇商心理也充分表达在建筑装饰上，一些具象的装饰题材如铜钱、元宝、算盘等都直接地表现在建筑雕刻细部上；再次，除了崇商的心理，山陕会馆建筑装饰也体现出晋商内心对于"仕"的向往。商人们不仅想要求富发财，也希望提高自己的身份地位，他们对未来更有长远的打算，时刻教育子女勤奋好学。开封山陕甘会馆在照壁上"连中三元"、"喜登

---

1 参见李芳菊、骆乐、王云雪：《论社旗山陕会馆商文化中的儒、佛、道融合》，《中州大学学报》2005年第1期。

连科"以及"一路连科"的寓意充分体现出他们希望家族里的成员能进入仕途的愿望。此外，虽然趋吉避凶、祈福禳祸的文化心理是古人一致的心理状态，但是这些心理因素在身居客地经商的山陕商人更为突出和明显。

2. 关帝庙与山陕会馆的细部特点

在上文对山陕会馆装饰题材的梳理中已经探讨了关帝庙和山陕会馆的装饰细节，这里进一步探讨关帝庙与山陕会馆的细部特点，以进一步分析山陕会馆这种建筑类别和建筑文化的独特性。这些细部特点有些是结构上的，有些是建筑布局上的，有些是装饰艺术上的，这部分内容实际上是对前文还未涉及的地方作一个系统的小结。这部分内容较为繁杂和琐碎，笔者将从建筑材质的分类上逐一进行阐述。

（1）石材：柱础、石牌坊、石狮、月台、望柱等

石材在中国古代建筑中，用得最广泛的是地面铺设、墙体加固、柱体加固以及纯装饰的石雕艺术品上，具体说来主要集中在柱础、月台、栏板、望柱、牌坊以及墙体露明的石料上，也有纯石雕艺术品，如石狮、石麒麟等。

柱础是石雕艺术表现最为集中的建筑部位。山陕会馆落地的所有柱子，都有石柱础，其造型丰富多样，多数采用礩墩[1]，有单层、双层或三层不同礩墩石础，每层有线雕或浮雕、圆雕等丰富的装饰题材，是会馆石雕艺术的集中体现。从外观形态来看，柱础分为几种形式，一是基本几何形柱础。这种柱础平面基本为正方形或者圆形，例如社旗山陕会馆悬鉴楼柱础整体为正方形，整体从上到下分为两层，上层为鼓形，浮雕吉祥花鸟等花纹，下为须弥座，座上四角圆雕英招[2]、麒麟等兽，柱础下层的须弥座四面为高浮雕"八爱图"及"二十四孝图"等。这种柱础受力最为合理，也最经济实用；二是多面雕刻柱础。最为典型和华丽的是洛阳潞泽会馆正殿的正面檐柱础，柱础分三段。下层为覆盆，较为低矮，十二面，为浅浮雕飞鸟图，重复刻着燕子蝴蝶等形象，中间部分是柱础的主体部分，为半圆雕走兽图，狮、虎、鹿、象分别从案下不同方

社旗山陕会馆悬鉴楼柱础

---

1 用砖或石砌的柱基础，上置柱顶石。

2 中国古代神兽。其状马身而人面，虎纹而鸟翼，徇于四海，其音如榴。

洛阳潞泽会馆柱础组图

自贡西秦会馆柱础组图

周口关帝庙柱础组图

位钻出，形态各异，上层为深浮雕和透雕盘龙图，整个柱础主体部分为六面雕刻，受力也较为合理，工艺更为讲究；三是整体圆雕柱础。这样的柱础一般体量较大，同样分为上中下三层，下层为长方形基座，中层为主体部分，为整体圆雕瑞兽，如自贡西秦会馆柱础，兽体蹲坐，上层为鼓型基座，置于瑞兽后背之上。这样的柱础在关帝庙中也较为常见，如周口关帝庙柱础，柱础主体为麒麟，麒麟直立，柱体在麒麟背部中心，为受力考虑，麒麟腹部下为简约落地石，这类柱础更为华丽，比起前两种柱础，具有方向性，虽受力并不十分合理，但是具有极强的标志性和装饰性，一般置于周围没有维护结构的半开敞空间中的柱体下。位于社旗山陕会馆悬鉴楼中心部位的四座金柱柱础是体量最为庞大的柱础，柱础通高达0.8米，底边长0.84米。通过悬鉴楼金柱柱础的测绘图可以发现，虽然柱础雕刻复杂而精致，但是建造柱础的匠人还是重点考虑了柱础受力功能，柱体落在圆雕兽的几何中心，兽体的四肢尽量粗而短也是为保证柱础受力功能。

在一些需要重点承重的部位采用石柱。这些石柱与石柱础融为一体，如在聊城山陕会馆中的石柱与柱础融为一体，柱身刻有浮雕，在麒麟柱础与柱身之间有方形倒脚鼓石作为过渡。石柱柱身除了雕刻浮雕还有一些浅浮雕纹饰，例如在解州关帝庙崇宁殿的檐柱柱身通体雕刻龙纹饰，尽显宫殿建筑气势，也充分体现了关羽被封"帝王"的崇高地位。另外，关帝庙的碑亭柱体一般也多用石材，在解州关帝庙和周口关帝庙均有设置。

石狮是山陕会馆不可缺少的部分，虽然各

上图：聊城山陕会馆石柱与柱础
中图：解州关帝庙柱身龙纹
下图：解州关帝庙碑亭

府衙宅院均有石狮，但是山陕会馆的石狮更为特殊。石狮一般分为上下两个层次，下层为须弥座，上刻浮雕，上层为石狮，昂首挺胸。山陕会馆门前石狮有自身特点。首先，最具有山陕会馆特色的是门前放置的不是石狮而是麒麟。麒麟一般理解为聚财宝物，将石狮换成麒麟，充分展现了商人特色，例如在洛阳潞泽会馆门前就摆放有石麒麟，身形和神态与一般石狮相似，麒麟目视斜前方，嘴巴半张。其次，山陕会馆的石狮不同于一般的北方石狮，一般北方建筑门前的石狮往往具有"浑、实、雄、健"等基本特点。山陕会馆门前的石狮少了霸气和威严，多了些憨态可掬的神情，这一点也是传承了关帝庙的石狮造型。例如，在朱仙镇大关帝庙门口的石狮就是憨态可掬的模样，嘴巴微张，仿佛在向来宾微笑。在山陕会馆中，将石狮的造型活泼化反映出山陕商人积极乐观的心态，并充分体现山陕会馆能够包容山陕同乡前来相聚的功能需要。山陕会馆的石狮形式更为活泼，体现在雌雄石狮的动作神态上，例如社旗山陕会馆雄狮抱绣球，雌狮抚幼子，而潞泽会馆雄狮耍舞绳，雌狮抚幼子。另外，为体现山陕会馆建筑单体的威严，往往在大殿前也摆放石狮，如在开封山陕甘会馆的大殿前就有石狮，左右石狮身体朝向与大殿朝向相同，但狮头各向左和向右旋转90°，相visage而望，狮口大张，笔者认为这样的石狮形式也是为了削弱石狮带来的严肃和庄重的感觉，多一些亲和力。山陕会馆的石狮在尺度上颇为讲究，例如在社旗山陕会馆山门前的石狮，人立于狮前，能恰与双狮目光相遇，其设计匠心独运，是山陕商人阴阳交泰、和气生财的思想反映。

石牌坊一般设在山门之前或者大殿之前。解州关帝庙的大门前就设有雕刻精美的石牌坊，成为解州关帝庙门前广场的视觉中心，这种石牌坊的设置方式为现代景观设计所用。更多的石牌坊与祭拜活动联系在一起，增加祭拜活动的仪式性氛围。在社旗山陕会馆大拜殿前的月台上设有石牌坊，运用了线雕、浅浮雕、高浮雕、透雕，以及镂空雕等。社旗山陕会馆石牌坊的这种布局方式与周口关帝庙的石牌坊布局方式相似，只不过周口关帝庙的石牌坊两边还设有碑亭和铁旗杆，空间层次更为丰富多样。

除了以上说到的石材的建筑细部，还有八字墙、地砖、栏板、望柱等都是山陕会馆颇具特色的建筑细部。例如，在社旗山陕会馆大殿前南檐两侧东西两面的八字墙，形式类似于照壁，主体为巨幅石雕，左侧高浮雕主题为"十八学士登瀛洲"，右侧高浮雕主题为"渔樵耕读"，四周八石龙外框采用透雕。在解州关帝庙中，栏板、望柱和地面铺装都运用了大面积石雕艺术，这些细部在山陕会馆中得到了发扬。例如在自贡西秦会馆中，月台前侧就有一块大型石雕，打破了月台下层基础的单调和简陋。

右上图：解州关帝庙门前石牌坊

右下图：周口关帝庙石牌坊两边还设有碑亭和铁旗杆

上左图：社旗山陕会馆八字墙上的高浮雕

上右图：解州关帝庙地面上的石雕

下左图：解州关帝庙地面上的石板和望柱

下右图：西秦山陕会馆石雕

解州关帝庙牌坊组图

总而言之，石材在建筑细部中的运用极大丰富了建筑下层结构和装饰。

（2）木料：木雕、木牌坊、藻井等

中国古代建筑主体结构以木构为主，古代匠人对木料的把握当然也最为熟悉和全面。除了主体结构以外，山陕会馆中还有一些精美的细部设计也用木料完成。

这其中最具代表性的是木牌坊，山陕会馆的牌坊和其他古代建筑中的牌坊相比，不同点在于它是为歌颂关羽的情操和品德而建的，同时也是为了给建筑室外空间增加正殿肃穆、庄严的气势。解州关帝庙中拥有规模最为庞大、数量最多的牌坊，结义园中的牌坊为巨型构筑物，在牌坊下还有小型抱厦，可以说，这样的结构和规模无法界定这个牌坊是大型构筑物还是小型建筑。解州关帝庙中牌坊虽大而多，但架构形式大体相似，一般有三间，中间为主间，旁边为次间，每间立柱均有斜向柱支撑，并有石材支撑脚。从关帝庙到山陕会馆的演化过程中，产生了新的牌坊形式称为"鸡爪牌坊"，例如，在开封山陕甘会馆牌坊中轴线的背部立有鸡爪牌坊，牌坊为三间、六柱和五楼。其平面布局为三柱一组，呈鸡爪形，因而俗称"鸡爪牌坊"。这种特殊的平面柱网布置，一方面增加了牌坊各个角度的可见面，另一方面有效地增强了其稳固性。

在戏台的细部特点中，最值得一提的就是藻井。苏州全晋会馆戏台的鸡笼顶可谓登峰造极，凹进的穹顶呈内旋式半球体，外径约3.5米，深约2米。四周由曲木拱搭成架子，俗称"阳马"，既起到支撑作用，又是一种独特的装饰。从底到顶嵌拼成小斗拱状，成环状旋榫[1]，堆叠向上，从上到下，共盘旋十八圈，形状像鸡笼一般，因此得名。拱头甩出，共雕成324只蝙蝠，刷成黑色，又相间着306朵金黄色的云头圆雕。整个藻井用大红底色作烘托，顶部正中置一铜制圆明镜，熠熠发光。除了美学的考虑，它还有更深刻的寓意，圆形的镜子和四方的戏台上下呼应，构成天圆地方、天动地静的意境，甚至包含有静中韵动、阴阳平衡、对立统一的思想。更重要的是这种高超的建筑手法，还科学地运用了建筑声学原理，使得演唱者在演唱时声腔产生共鸣，从而得到余音绕梁的音响效果。另外，藻井还有扩音的效果，能使演员的自然音质清晰地传递到剧场的每一个角落。全晋会馆的戏台因有此藻井而成为全苏州最精美、华丽的戏台。有关这个戏台，还有很多值得记住的故事。1986年秋，日本艺术学部剧场史学家松原刚教授访问中国时专门前来考察。他研究和琢磨戏台的每一处结构和造型，不禁惊叹这藻井的精巧及独特的音响效果，并由衷地钦佩建造者的智慧和匠心独运。著名的世界级建筑大师贝聿铭先生也曾来到这里参观，赞叹这个戏台建得恰到好处，必定出自高人之手。说到精美的藻井，远不止一个鸡笼形的特殊造型，在解州关帝庙的春秋楼二层顶部，悬着一个三方藻井，形制华丽，层层下昂倒垂如巨花盛开，整个藻井无一根钉子，颠覆了传统意义上藻井是凹进去的这一固定思维。在解州关帝庙还有一处著名的八卦藻井，位于午门前隅的御书楼，原名为八卦楼，楼中辟透空八角井口，周沿有木勾栏遮护，制成八角形藻井，又名八卦攒顶，井底透雕二龙戏珠，盘曲蠕动，生动自然。步入楼内，自底层穿过楼板中央的八角形井口，可以直接望见楼上木结构藻井的八卦形图案，精巧深邃。二层檐上，四条垂兽各为一条烧制而成的行龙，做法与洪洞广胜寺明嘉靖年间飞虹塔的垂兽如出一师之手，别致有趣。

在前文中提到山陕会馆的装饰题材时已经间接提到了山陕会馆的木雕艺术。木雕艺术由于其可塑性和操作性高于其他材料，形成的雕刻成果也最为丰富多变。从木雕的构思到最后的雕刻手法均能完全体现高超的雕刻艺术。在解州关帝庙中额枋上的绳串起麒麟的整体雕刻与开封山陕甘会馆大殿上的整体植物木雕，两者雕刻的构思如出一辙，都是通过多种雕刻对象的互相串联来形成整体雕刻艺术。这种从构思上的突破也成就了山陕会馆精美的木雕细部。

---

1 器物两部分利用凹凸相接的凸出的部分。

上图：解州关帝庙气肃千秋牌坊题字

下图：解州关帝庙御书楼藻井

解州关帝庙廊柱木雕组图

解州关帝庙额枋上木雕组图

左上图：解州关帝庙木雕绳串麒麟
左下图：开封山陕甘会馆大殿上的木雕

（3）砖艺：砖雕、砖砌等

建筑中砖的运用分为两部分，一是建筑布局装饰雕刻，二是基本围护结构的使用。在清代，砖雕艺术进入全面发展时期，而北方砖雕源于山西。山陕会馆中的砖雕更是体现了山西砖雕的独特艺术风格。砖雕主要分布在照壁、硬山建筑的墀头[1]和建筑脊饰上。砖雕技法有浮雕、透雕、圆雕和多层雕等多种多样。在亳州大关帝庙，山门与钟鼓楼连成一体，在平齐的大型墙面上，有"钟楼"、"鼓楼"石雕刻

亳州大关帝庙钟楼砖雕　　　　　　　　　亳州大关帝庙鼓楼砖雕

字，四周刻有大型砖雕，这些装饰用砖雕刻出立体、生动的自然环境、社会环境和人物，使得整个墙面既主次分明，又有精美的细节。开封山陕甘会馆的照壁集中了山陕会馆最出色的青砖石雕，整个照壁雕刻的思路比较特别，檐桁以下全部用砖雕仿木结构，这一手法极具特色。另外，山陕会馆墀头上的砖雕形式也十分常见。

砖在建筑的细部利用还在于它能够模数化的运用上，例如在解州关帝庙锥门八字墙与建筑主体的山墙之间有十字镂空砖砌形成的半高矮墙，这种半渗透的隔断形式不仅使得建筑立面形式更加轻盈和灵活，同时还满足了内部的透光需求。这种通过砖砌方式的变化形成墙面纹理在聊城山陕会馆中也有所使用，在钟鼓楼的二层栏杆上也采用了这样的形式，和钟鼓楼整体建筑风格配合，形成独特的视觉效果。另外，在郧西上津山陕会馆的墙壁上，整面墙的每块砖上通过浮雕的手法都刻有"山陕会馆"字样，所有的字样形成群体效应，成为山陕会馆独特的"风景"，丰富了墙体立面的同时也进一步体现了山陕会馆深厚的文化根基。

---

1 硬山式建筑的一个组件，在山墙与房檐瓦交接的地方，用以支撑前后出檐。

开封山陕甘会馆上的仿木砖雕

社旗山陕会馆墀头砖雕

解州关帝庙十字镂空砖砌

聊城山陕会馆钟鼓楼十字镂空砖砌

郧西上津山陕会馆砖上刻字

（4）铁艺：霄汉铁旗杆、香炉、铁铸雕塑等

在中国古代建筑中，铁材料主要是运用在生活用品和工具方面，建筑中并不多见。不过，在山陕会馆中，铁艺构件意义非凡。一方面，由于山陕会馆从关帝庙传承下来的祭拜功能，使香炉成为必不可少的建筑细部，另一方面，山陕商人用霄汉铁旗杆进一步彰显建筑的气势。此外还有一些铁铸造的雕塑。

在关帝庙前常常会有旗杆的设立，周口关帝庙铁旗杆高约21.85米，上下分三节精工铸造，四条铁龙上下盘绕，24只风铎悬挂在斗拱之下。山陕会馆继承了这一点，所以在山门前往往设有铁旗杆一对，并且旗杆形式更为精致。例如社旗山陕会馆的铁旗杆，高约17.6米，下部杆体直径0.24米。下为青石须弥座，上卧铁铸造狮兽，旗杆自铁狮背插入基座。大部分山陕会馆都有铁旗杆，这主要是由于秦巴山内丰富的铁矿资源，使得陕西的冶铁业自清代以来有长足发展（清代陕西是全国的主要冶铁铸造中心）。铁旗杆这一形式，一方面从物质层面展现了清代陕西精湛的铁器铸造技艺，并以旗杆的整体高度和长细比例丰富建筑外立面；另一方面，从文化层面反映了秦晋商人的乡土文化和客居心理，将铁铸造技术和装饰艺术以及楹联文化结合起来，是技术、艺术、文化完美结合的体现。

从社旗山陕会馆铁旗杆底部的铸铁狮就可以看出当时铸铁技术已经十分精湛，当时的制铁技术不仅可以铸造这样的大型摆件，还可以铸造出精致的小型摆件。例如在解州关帝庙月台的石栏板上置放一个铁铸的小铁狮，旁边站立一个面部表情严肃的士兵模样的铸铁人物，铸铁技术的精湛使得这样的建筑细部令人叹为观止。

铁香炉几乎出现在每一个关帝庙和山陕会馆中。不过，根据祭拜的形式不同，香炉也有不同形式。在解州关帝庙中，有一个巨大的塔型香炉，约有一层楼高，整体平面为圆形，上有攒尖八面屋顶，香炉主体外有精美装饰，层次分明、比例和谐。大多数山陕会馆中的铁香炉为袖珍版的大殿形式，在社旗山陕会馆中的香炉和解州关帝庙中的香炉形式基本一致，均上为歇山顶，主体为三开间，下有基座。这些古老的铁铸造香炉因为祭拜者的使用而完整地保留下来。总之，虽然铁艺从使用材料的比例来看，在山陕会馆建筑细部中并不占多数，但是因为具有独特的祭拜文化和传承意义而显得格外不可缺少。

社旗山陕会馆铁旗杆基座

解州关帝庙栏杆旁士兵模样的铸铁人物

解州关帝庙塔型香炉

解州关帝庙袖珍版大殿形式的香炉

社旗山陕会馆香炉形式上为歇山顶，下有基座

左图：解州关帝庙端门旁铸铁狮

（5）琉璃：瓦、瓦当、吻兽、宝鼎等

琉璃使用量最大的中国古代建筑是宫殿建筑，在一般的民居和馆舍鲜有琉璃的出现。明清时期，山西地区建筑中使用的琉璃瓦和琉璃脊饰在全国享有盛名，大量建筑用琉璃制品被贩卖到全国各地。特别是这种材质得到了统治阶级的青睐，在宫殿建筑中广泛地运用开来，山西成为宫殿建筑中琉璃饰品的供应基地。山西商人在异地的建筑也大量采用了琉璃，例如开封山陕甘会馆的建造者大量采用琉璃瓦饰技术，将山西琉璃饰品大量运用到屋顶、屋脊和照壁的装饰上。琉璃的建筑装饰使人联想起宫廷建筑，产生了更加金碧辉煌、富丽堂皇的感觉。

前文在阐述山陕会馆装饰题材的时候，就提到了山陕会馆的吻兽和挑角常常采用动物装饰，事实上，解州关帝庙的挑角、戗脊、屋脊和宝鼎都成为屋顶装饰的重要部分。在解州关帝庙的重要建筑屋顶，一般檐角为龙头式，在檐角上立人物圆雕，沿着挑角还有一些蹲坐的兽雕，接着戗脊进行整体装饰，正脊上两端和中间部分也加以隆重装饰，有时，在宝鼎与吻兽之间的中间部位也加上人物或者动物的雕刻装饰。这些装饰，大部分都采用琉璃雕刻，有时是砖雕，它们共同构成屋顶的装饰层次。在解州关帝庙，仅每个屋顶上的细部装饰，就达数十个。与此类似，在开封山陕会馆的屋脊上也有着丰富的细节层次。

建筑的宝鼎是关帝庙屋顶上的重点装饰部位，在解州关帝庙午门上的宝鼎，中心部位为一个有三层屋顶的类似阁楼的构件，从这个构件的色泽和局部的尺度来看，笔者认为是铁铸造的。这个宝鼎的三个层次中，上层较高，下两层较矮，为歇山顶，仿木构架。宝鼎两边为两个面对面的宝鼎兽雕，一边为大象，一边为麒麟。在解州关帝庙其他等级稍低的建筑屋顶上，宝鼎一般为麒麟，背上有直立装饰，两边也有人物雕刻，面向建筑朝向。在开封山陕甘会馆、社旗山陕

解州关帝庙春秋阁屋脊装饰层次

解州关帝庙戗脊之一

解州关帝庙戗脊之二

开封山陕甘会馆屋脊装饰层次

解州关帝庙宝鼎组图

开封山陕甘会馆宝鼎之一

开封山陕甘会馆宝鼎之二

解州关帝庙午门宝鼎

会馆、洛阳潞泽会馆屋顶宝鼎也有类似的装饰。

除了建筑屋顶的装饰，还有琉璃照壁的装饰。社旗山陕会馆的琉璃照壁是所有山陕会馆中面积最大，使用琉璃最多的照壁，比解州关帝庙的九龙照壁还要精美华丽，是艺术品质最高的琉璃彩砖雕刻的代表。整个照壁的南北两面共有三百多块琉璃砖构成，以浮雕为主。南壁主要是以冷色为主，浅浮雕三图分别是"凤穿牡丹"、"五龙捧圣"、"鹤立青莲"。北面是以浅浮雕为主，深浮雕为辅，组成三图，分别是"四狮斗宝"、"鲤鱼跳龙门"、"雄狮斗麒麟"。其中"鲤鱼跳龙门"，龙门呈阁楼状，过龙门之鱼化为龙体，升腾而上，共戏一蜘蛛。与照壁类似的建筑细部还有戏台两边的八字墙，不过一般八字墙都为砖石建造，而只有等级极高的建筑才用琉璃制作，例如，在解州关帝庙中的八字墙为琉璃，而前文提到的社旗山陕会馆的八字墙则为砖石建造。

综上所述，由于历史、社会、经济、文化等原因，这两种不同类别的建筑——属于"庙宇"的关帝庙与属于"会馆"的山陕会馆产生紧密的联系，从关帝庙与山陕会馆选址与布局、建筑与构造、装饰与细部的比较，印证了关帝庙与山陕会馆的传承关系。这一结论，对"庙宇"与"会馆"这两个建筑类别的研究，以及对关帝庙与山陕会馆本身的建筑研究都具有重要意义。

解州关帝庙琉璃八字墙组图

第五章

山陕会馆与其他建筑

一、按地域差异分类进行比较

会馆中，除了山陕会馆，还有湖广会馆、江西会馆、福建会馆等。从名称上就可以明显发现，由于会馆的特殊地域性属性，这些会馆自然而然地以地域差异进行区分。不同会馆类别之间由于地域不同产生差异性，同时，又由于同为客地建筑这一本质属性而产生一些共性，这里将重点对山陕会馆与湖广会馆、山陕会馆与江西会馆进行较为抽象和概括的比较。

1. 与湖广会馆之比较

如前文所述的山陕会馆一样，湖广会馆是一个统称，一般包含有湖北、湖南、广东等地同乡在客地建立的会馆，以下从起源、命名、分布、形制、局部五个方面对山陕会馆与湖广会馆进行比较。

（1）起源比较

湖广会馆作为"湖广填四川"移民运动的"产物"，被赋予了移民性质。远离家乡的湖广人迁移异地，开荒垦地，经商贸易，为寻求内心的归属感和慰藉思乡之情，增强同乡情谊，以原籍地缘关系为纽带，组成了民间互助组织，便有了湖广会馆，从而形成了特定历史条件下四川的移民社会形态。同样是以亲缘关系为纽带形成的会馆组织，山陕会馆在创建者的组成上较为单一，大部分为山西、陕西两地商人，不同于"湖广填四川"这样的全面移民。

一般来说，湖广移民入川主要分水路和陆路两路。水路主要是溯长江而上入川，即由麻城孝感乡、随州、武汉、荆州一带，沿长江而上，穿越三峡，进入重庆、川东地区，再逐渐向西迁移。陆路则是走湘川古道入川，即由湖南长沙、永州、郴州、衡阳的移民以及客家人，[1] 从湘西进入贵州，穿越黔西山区，进入川南，或翻越大巴山，进入涪陵地区，再向川中和川西迁移。由于移民大潮涉及更为复杂的人流，有着较规律的移民线路，而山陕会馆的创建者山西、陕西商人的商旅路线则较为自由和灵活。

1　含广东、福建、江西三省。

左图：开封山陕甘会馆宝鼎局部

（2）命名比较

　　与山陕会馆的命名方式类别相似，湖广会馆的命名方式也十分复杂。

　　湖广会馆祭祀大禹，这与传说中的"禹王疏九州、使民得陆处"相关，加之两湖水患连年，故有借禹王之威来镇邪之意。所以，湖广会馆为人所熟知的命名有帝主庙、帝主宫、禹帝宫、护国宫等。这一特点，与山陕会馆祭祀山西乡土神关羽可以对照，事实上，有部分禹王宫由于现作为宗教建筑，因此刻意隐去昔日的命名，而采用宗教建筑的名字，如宜宾李庄的慧光寺，重庆龙兴古镇的龙兴寺。所以，本书所主要探讨的关帝庙与山陕会馆的传承演变关系在禹王庙与湖广会馆之间也有涉及，但是由于大禹不比关羽在全国范围内的影响，原有的禹王庙数量远不及关帝庙，故这种传承与演变关系并不十分显著。

　　除了以省籍命名的会馆，还有部分是地区级别的会馆，黄州作为湖广的交通要道，黄州麻城是明清时"湖广填四川"最主要的移民集散地，因此黄州移民在外地建造的会馆最多，所以很多黄州会馆也十分常见。不过，很多黄州人所建会馆并不直接命名为黄州会馆，而是命名为护国宫、帝主宫，主要是由于曾经供奉的圣人和先贤，有称为福主。福主成了人们追求美好幸福生活的代名词。现在位于麻城五脑山上的帝主宫树木葱茏，香火旺盛，全国诸如四川、云南、贵州、台湾等地的善男信女，都不远万里到五脑山帝主宫朝拜。另外，黄州古为湖广行省州府，即黄州府，而黄州府曾被称为永安郡、齐安郡，因此，湖北黄州府商人修建的会馆有时也以齐安为名，如重庆湖广会馆中的齐安公所。湖广会馆中以地级地名命名的会馆除了黄州

重庆湖广会馆中的齐安公所

李庄慧光寺

会馆以外，还有鄂州会馆。鄂州明清时期也曾为湖广州府，因此各地也有不少以鄂州为名的会馆，如十堰黄龙镇的鄂州驿馆[1]。

（3）分布比较

通常情况下，会馆的分布与入川移民的分布及数量是密切相关的，四川境内拥有大量的湖广会馆。据统计全川一共有明清省籍移民地名1038个[2]，湖广籍有832个[3]，占整个省籍贯移民地名总数的80.15%。四川境内的1400余所会馆中，湖广会馆数量最多，共477所，占会馆总数的34.07%。这些会馆主要分布在以下几个区域：川东以重庆为中心的长江水系区，川西以成都为中心的成都平原地区，川南以犍为、自贡、宜宾为中心的区域，川北以阆中、南充、达州为中心的地区。究其原因，川东的重庆是长江上最主要的交通枢纽，也是湖广移民沿长江水路入川的必经之地；川西的成都一直是四川的政治中心，是移民的主要迁入区；川南的犍为、自贡、宜宾，由于其物产丰富、商业繁荣，依靠着沱江和岷江便利的交通，吸引了大量的移民和商人前来；川北大部分地区与陕西接壤，有大量来自陕西的移民。这么大规模建造湖广会馆的现象在四川以外的其他省份和区域是没有的。将湖广会馆的分布与山陕会馆比较，前者更加集中在四川省境内，而后者更加广泛，遍及全国大部分省份。

（4）形制比较

湖广会馆多出于巴蜀地区，巴蜀地区地处秦岭、武陵山脉、横断山、五莲峰环抱中，可谓群山环绕。而建筑形制往往受地形制约，在坡地中，单体建筑多采用"吊脚楼"的形式，群体建筑则随地势的高低起伏而布置，布局灵活，层次丰富，会馆建筑也不例外。这样的特殊地形更容易创造层层升高的空间序列，如位于重庆东水门内的禹王宫就是面向长江，依山而建，上下高差达十余米，整个建筑群和山势完美结合，建筑借助于山体来烘托出恢弘的气势和居高临下的地位，从而达到一种凌驾于其他建筑之上的优越感。位于龙兴古镇的禹王宫也是随山势而展开，其地势较重庆湖广会馆略显平坦，但逐级上升的感觉犹在。

除此之外，由于山地特殊地形的限制，巴蜀地区的建筑群通常无法在横向上拓展空间，而主要在纵向上表达建筑的层次与变化。因此，通常只有一条轴线，轴线

---

1 参见赵逵：《"湖广填四川"移民通道上的会馆研究》，东南大学出版社2012年版。

2 含山东、青海、河北各一个。

3 都含明代移民地名。

上依次分布着戏楼、正殿、后殿，两侧辅于厢房和耳房连接主体建筑，从而组成院落式空间。当然，也有一些湖广会馆建在地势平缓的地方，空间开阔之地，多采用多轴线的布局形式。如成都以东的平原地带东山地区洛带古镇的湖广会馆，则采用的是双层轴线的布局方式，从而形成三个院落的格局。

而山陕会馆由于分布范围较广，建筑的地形环境较为复杂，布局方式更加灵活多变。

（5）局部比较

湖广会馆在建筑单体、结构、装饰上也有其独特之处。

前文在提到山陕会馆的山门形式时，提到了牌楼式，而最典型的牌楼式山门就是四川自贡西秦会馆的牌楼门，这种牌楼的形式在北方建筑体系之下的山陕会馆中并不多见。而牌楼是巴蜀地区建筑的特色，也是湖广会馆的特色之一，一般位于戏楼与正厅之间，作为正殿的前序。牌楼多由六柱形成五开间，明间最大。屋顶多为歇山且错落有致，明间最高，次间、稍间逐级跌落，从而形成阶梯状，重庆禹王宫的牌楼门就与自贡西秦会馆的牌楼门形式极为相似。

较之山陕会馆，湖广会馆的斗拱运用并不算多，大多置于牌楼下或入口处。一般用材细小，数量较多，下昂繁复。此时的斗拱已无结构作用，仅作装饰，是典型的清前期建筑风格。湖广会馆建筑群禹王宫牌楼龙头斗拱即为最好的实例，斗拱为九踩四下昂，昂头施金色，雕成龙头状。和四周的山墙一同，取"猛龙入江"之意。

在装饰雕刻方面，山陕会馆的装饰取材更为广泛。湖广会馆的雕刻则多以"水"为主题，一方面间接地表达对大禹的崇拜，敬仰大禹治水的功勋，一方面突出湖广地区湖泊众多、水系发达的特色，以此突出湖广移民对故土思恋之情。如重庆龙兴古镇龙兴寺禹王宫中戏楼栏板的雕刻就多以水来表现。另外，湖广会馆在雕刻上表现出了对本土文化的认同感和自豪感，如齐安公所戏楼额枋下有一幅以唐代著名诗人杜牧的七绝《清明》中所描写的意境为雕刻内容的图案。杏花村古时隶属麻城孝感乡，麻城孝感乡为著名的移民集散地，而齐安公所则为湖北黄州棉花帮的行业会馆，"杏花村"的雕刻图案不仅呈现了移民者对故土的思恋之情，更表达了他们对本源文化的探求与赞誉。

上图：重庆禹王宫牌楼

下图：禹王宫牌楼龙头斗拱

2. 与江西会馆之比较

江西会馆是江西人在客地建立的会馆，也属于"湖广填四川"移民运动背景之下的产物。以下从起源、命名、分布、形制、局部五个方面对江西会馆与山陕会馆进行比较。

（1）起源比较

在"湖广填四川"的迁徙过程中一部分江西移民选择在湖广地区定居，有些则继续西行到了四川、陕南等地。与大多数的会馆性质相同，这些江西籍的移民就地建造祠堂、会馆，一则缅怀故土，二则增加同乡情谊，以抒桑梓之情。因此，在湖广地区和川地都曾经建有许多江西会馆，至今仍留存一部分江西会馆。前文谈到了山陕会馆与湖广会馆在起源上的异同，而江西会馆在会馆属性上更接近湖广会馆，受到移民运动极大的影响。

（2）命名比较

江西籍移民在川的会馆名称较多，省级的被称为"万寿宫"、"江西庙"、"旌阳宫"、"轩辕宫"、"真君宫"，有的还被称为"九皇宫"、"五显庙"。江西会馆中，府、县人氏建的赣籍会馆名称更多，如吉安府人氏的"文公祠"、"五侯祠"，南昌府人氏的"洪都府"、"豫章公馆"，抚州府、临江府人氏的"昭武公所"、"萧公庙"、"萧君祠"、"晏公庙"、"三宁（灵）祠"、"仁寿宫"等，还有各县人氏的"泰和会馆"、"安福会馆"[1]。较山陕会馆而言，江西会馆的命名方式更为丰富和杂乱，特别是山陕会馆中鲜有以独立个人姓氏为会馆命名的方式，这种差异性主要来源于移民运动中以宗族迁移和不断繁衍的结果，江西会馆的这种演化过程和组织关系明显区别于主要由商业会馆为核心的山陕会馆。

（3）分布比较

据统计，在四川境内1400余个会馆中，江西会馆有320个，约占总数的22%[2]，仅居于湖广会馆之后，成为四川境内移民会馆中第二多的同乡会馆。湖广会馆与江西会馆在称谓的数量和种类上也是不相上下。会馆的建立与移民的地理分布大体成正比。在川东、川西、川北和川南各地皆有江西籍人建立的会馆。特别在川西平原，在川东、川南和川北的平坝江河流域，人口较多，商贸繁荣，江西移民多，其会馆也多。而在矿山开矿之地，也是移民劳动力的聚会之地，会馆也相应建得多。

---

1 据南昌大学历史系教授万芳珍考证。

2 数据来源于赵逵：《"湖广填四川"移民通道上的会馆研究》，东南大学出版社2012年版。

（4）形制比较

相对于山陕会馆，江西会馆规模要小得多，所以，江西会馆的整体建筑形式较为简单，一般只有一个主要院落和一个戏台。江西会馆入口空间与山陕会馆差异很大，一般山门多做成随墙式，并且墙体紧逼主要街巷。墙为风火山墙形式，上开左、中、右并排三个门，主入口位于正中央，笔者猜测这可能起源于江西南昌西山万寿宫的牌楼。江西南昌西山万寿宫是为纪念许真君而修建的一座宫殿，也是最早建立的万寿宫，所以江西会馆的雏形源于此庙，正如解州关帝庙是很多山陕会馆的雏形一样。值得说明的是，由于江西会馆主要分布的区域大体有湖广地区和巴蜀地区，而两者之间的环境、地形差异较大，虽湖广地区的江西会馆与巴蜀地区江西会馆同源，但随着移民的不断西行，两地江西会馆在建筑中呈现出差异性。

（5）局部比较

巴蜀地区的会馆往往檐口高翘，由此，在巴蜀地区山陕会馆的戏台也往往出现高翘的檐口，而江西会馆戏楼通常檐口平缓，不及其他会馆檐口高翘。江西会馆通常戗脊较长，正脊山墙两侧收山明显，整体稳重端庄。此外，江西会馆建筑用材较大，柱子较粗壮，撑弓直径较大，如复兴古镇万寿宫的戏楼。不过，也有特例，湖南凤凰的江西会馆戏楼则檐口起翘较高，且檐口下施装饰斗拱，这是巴蜀地区会馆不曾见到的。

正如山西、陕西人崇拜关羽，江西人一般祭拜许真君，所以建筑中的书法楹联多用于赞颂许真君的忠孝事迹和缅怀故乡。如重庆市江津仁沱镇真武场万寿宫大门有联"玉诏须来万古常留忠孝，金册渡出成家都是神仙"，是一幅褒扬许真君生平忠孝事迹和其道教思想的对联，对仗工整、寓意深刻，令人回味无穷。

在山陕会馆中，建筑用色较为灵活，一般以砖、石、瓦、木的原色为建筑主要色调，凸显类似北方建筑的稳重大气，只是在局部雕刻和一些主要建筑的梁架结构上进行彩绘或者镶金。江西会馆建筑色彩一般较典雅，很少施金，多为黑色、红色，建筑朴实庄重。但凤凰万寿宫在色彩上则较为明亮，多为红色，戏楼底部的斗拱施蓝色。

右上图：洛带江西会馆
右下图：复兴古镇的万寿宫戏楼

洛带江西会馆建筑色彩典雅、庄重

二、按建筑功能分类进行比较

会馆建筑是明清时期一种新的建筑形制，而山陕会馆作为形制最复杂、规模最庞大、现存最完整的会馆，实为公共建筑的内核，却深受山西、陕西两地民居的影响；其形制源于祠堂，从某种意义上说是血缘宗族文化的扩大与演变。因此会馆与民居、祠堂有同有异，本节将着重对山陕会馆与民居、祠堂、庙宇等建筑进行比较，以展示山陕会馆在建筑形制、风格等各方面的特点，并着意发掘支配其不同特色的本质。

1. 与山陕民居之比较

在中国古代，民居是数量最大，形式最丰富的建筑类别，民居的发展情况因自然、地理、经济、文化、民俗等因素，对其他类别的建筑产生深远的影响，包括山陕会馆和关帝庙。山陕会馆以关帝庙为雏形，或者直接在关帝庙的基础上改建或加建，不过山陕会馆在功能上接纳初来客地的山西、陕西商旅的短暂居住，所以从功能的角度更需要接近于民居尺度。山西、陕西地域广阔，地形较为复杂多样，既有山地、高原，又有丘陵、盆地，所以民居的形式也多种多样，有窑洞、木构架平房、阁楼、瓦房、楼房等。[1] 到了明清时期，山西、陕西两地窑洞民居较少，传统民居的主要形式是以平房和瓦房为主的院落式民居，尤为出名的是处于晋中地区的太谷、平遥、祁县、介休、榆次、阳泉，处于晋北地区的保德、大同、浑源，处于晋东南的沁水、阳城和晋南的临汾、襄汾等地的典型的北方深宅大院。以上提到的很多区域有大量外出经商的山陕商人，并在各地建立起以县级地方名称命名的会馆，由此便可知山陕会馆必然受到山陕地区民居的影响。以下对山西、陕西两地的民居中各类别的典型特征与山陕会馆作比较，以进一步探讨山陕会馆建筑形式的起源。

首先，山西、陕西两地民居楼高院深，墙厚基宽，防御性极强。一般外立面以砖砌实墙为主，有现代建筑的四五层楼高，并不开窗，偶尔开小洞，有很强的防御性，一方面在功能上起到了抵挡风沙的作用，另一方面形成森严气势。分布在全国

---

1 参见戴志中、杨宇振：《中国西南地域建筑文化》，湖北教育出版社2003年版。

各个省份的山陕会馆基本继承了这一特色，一些山陕会馆的钟鼓楼高耸，面对主要街巷为石墙，上开小洞，例如洛阳潞泽会馆的山墙面。不过，山陕会馆也融入地域性特征，在保持这一北方民居防御性特色的同时也吸纳了一些中原建筑甚至水乡建筑特色。

其次，明清时期以前，山西、陕西主要民居的房屋都是单坡顶，双坡顶民居数量较少，这样建造的目的是使外墙高大，而雨水沿单坡面流入院落，即为"聚水而聚财"。另外，因为陕西关中传统民居屋舍结构多为木构瓦房，这种瓦房为一面坡式的房屋，所以关中民居特色向来 "房屋一面盖"。到了明清时期，为增加建筑跨度，并使建筑结构更加合理，双坡面屋顶迅速发展，成为大部分建筑屋面形式。双坡面屋顶形式不仅推进了建筑梁架结构，更带来了丰富的建筑造型，这些建筑大多檐口结构复杂，形式多变，更重要的是山脊形式多样。明清时期为山陕会馆发展的重要时期，所以大部分山陕会馆都为双坡面屋顶，不过在部分主体建筑搭接的空隙中，为解决排水问题，在门洞上设小型单坡屋面，使雨水能聚集到院落中的水池中。

再次，四合院是中国传统民居主要院落组织形式，山陕两地民居也是如此。院落多为东西窄、南北长的长方形平整空地。山陕两地院落分为二进、三进甚至四进院落不等，规划整齐匀称，体现出典型的中轴线对称式院落特点。山陕会馆也是以院落组织起各功能分区与建筑，较民居的院落而言，山陕会馆的庭院由于作为戏台前的观演场所，尺度更大，地面铺砖更为讲究。

最后，明清时期的山陕两地民居完全将建筑构架的功能性与装饰性结合在一起，不论民居的建筑规模是大是小，都进行全面的装饰，柱身、檐口、山脊都集结构作用与装饰功能于一体，各种雀替、额枋、柱础、抱鼓石等建筑构件更是在受力的同时，成为建筑装饰的重要部位。前文在对山陕会馆的装饰题材和细部进行探讨时也全面研究了山陕会馆中结构和装饰融合一体的特征，这一特征与规模较大的民居可类比，只不过由于山陕商人的强大经济实力，让建筑装饰较民居更为华丽和精致。

2. 与山陕祠堂、庙宇之比较

由于本书重点比较的是山陕会馆与其他建筑，故这里与之比较的是山陕人建立的祠堂和庙宇。之所以将山陕会馆与祠堂、庙宇建筑进行比较，是因为这些建筑无论从建筑属性、建筑规模、建筑形制等方面而言都极为相似。首先，前文提到了血缘与业缘村落，血缘村落孕育祠堂的诞生，与之相对应的是业缘村落产生会馆。从某种意义上说，会馆是在业缘村落因血缘关系而建；其次，本书论述的重点是山陕会馆与关帝庙的关系，而很多名为关帝庙的建筑随时间的推移很难界定是否属于庙宇或者会馆，但是对于纯粹的庙宇建筑，如孔庙等，也有其与山陕会馆的相同点与不同点；再次，作为与会馆同时期出现的公共性建筑，书院与会馆也有极大的可比性。以下，就上面几点展开论述：

（1）山陕会馆与祠堂

祠堂作为宗祠建筑，是一种礼制建筑，执"家礼"之处，也即"家庙"。祠堂的功能首先是本族人敬祀祖先，然后是执行族权，劝善解纷，惩治家门不肖。会馆建筑与祠堂建筑之间是一个传统建筑类型转承演化的脉络关系。从建筑形制上看，会馆建筑直接脱胎于祠堂和家庙建筑。对应于祠堂和会馆的血缘宗族传统，会馆建筑代表着中国17世纪以来，平民社会原则的兴起与确定，即血缘宗族观念的扩大与演变。会馆建筑与会馆文化，从形式到内容，都是家族与祠堂的扩大和不同时空背景下的再组织化，即由宗族的兴盛和组织管理到民系、乡系，在一个特定生活圈的兴盛和组织管理。

前面章节已经介绍过会馆建筑多选择码头港口、城镇场镇的中心，它既是该地区经济繁荣的贡献者也是见证者。总而言之，何处繁荣何处建馆，是商人经济观念的集中体现。相对于会馆，祠堂的选址则更具有多样性。通常根据每个家族的情况而定。有的建于场镇，有的却散布在场外或周边，自成一个小环境。为安全起见，有的还建有碉楼和箭楼，以备不时之需。

相对于祠堂建筑，会馆建筑更具规模。祠堂多由家族成员集资修建，其规模和形制也会因为家族的经济实力而有所差异。有的祠堂中没有设置戏楼，讲排场的祠堂则设置戏楼，祠堂的规模尺寸一般介于住宅和会馆之间。由于会馆多由同一省籍商人合资修建，商人的实力通常比家族实力强盛，因此无论是从规模、气势，还是从艺术价值等方面都略胜一筹。山陕会馆比山陕地区的祠堂规模更大，气势更强，艺术价值也更高。

祠堂虽然也是礼制建筑的一部分，但由于其使用功能的多样性、分布地区的广泛性以及与民间建筑保持着密切联系，造成祠堂建筑与官式坛庙祭祀的建筑面貌有很大的差异。除了保持共有的封闭和严整的风格以外，又融合许多精巧的民间建筑风格，具有浓厚的生活气息和鲜明的地方性。和会馆建筑风格相比，祠堂建筑更具有民居的特色，而会馆建筑则显得商业气息浓郁，大多精雕细琢，辉煌无比。

（2）山陕会馆与庙宇

中国古代建筑中，庙宇是涉及甚广的庞大的建筑群体。这里说的庙宇，是广义上的庙宇，不仅仅是宗教建筑，而且包含了儒家、道家、佛家的所有建筑。儒家中的庙宇名称有"庙"、"宫"、"坛"，例如孔庙、文庙、雍和宫、天坛等；道教建筑在发展过程中被称为"治"、"庐"、"靖"、"观"、"院"或者"祠"；佛教建筑一般较为统一，称为"寺"或者"庵"。而我们所熟知的关帝庙也是源于庙宇建筑，属于武庙，与文庙相对应。武庙是祭祀姜太公以及历代良将的建筑。有专门祭拜关羽的武庙称为"关帝庙"，也有合祀关羽、岳飞的武庙叫"关岳庙"。

由于山陕会馆与关帝庙同样祭拜的是关帝，融汇儒、道、佛于一体，可以说在精神层次上是各种庙宇风格的融合。在物质形态上，两者也有相似之处：从建筑布局来说，山陕会馆与庙宇建筑一样讲究建筑的序列感和仪式感；在建筑单体形制上，庙宇建筑有台基，山陕会馆建筑中的主体殿堂也均有台基；从建筑装饰来说，山陕会馆装饰融合了儒、道、佛庙宇风格，比如，社旗山陕会馆与聊城山陕会馆都有儒家的代表性字样"履中""蹈和"，有道家中的龙纹饰，以及佛家的须弥座等。

聊城山陕会馆门楼上的字样

第六章

关帝庙与山陕会馆案例概况

现存的山陕会馆和关帝庙中不乏建筑规模宏大、艺术成就极高的建筑群体。笔者在两年之内踏访了11个建筑群，包括4个关帝庙和7个山陕会馆，在亲自感受了山陕会馆和关帝庙的建筑空间和瞻仰了精美的建筑艺术之后，留下了大量的图片和文字资料。实地调研过的关帝庙包括山西解州关帝庙、安徽亳州大关帝庙、河南周口关帝庙、河南朱仙镇大关帝庙；山陕会馆包括河南社旗山陕会馆、山东聊城山陕会馆、四川自贡西秦会馆、河南开封山陕甘会馆、河南洛阳山陕会馆、河南洛阳潞泽会馆、河南荆紫关山陕会馆。其中，对山西解州关帝庙、河南社旗山陕会馆、四川自贡西秦会馆等建筑都有专门的著作进行详细介绍，本章主要从建筑文化的角度，结合实地调研，对山陕会馆建筑的传承与演化过程，进行概括性介绍。

一、关帝庙案例概况

关帝庙一般都以宫殿建筑为基本形制建造，而山西解州关帝庙可以说是关帝庙的典范。这里列举的四个关帝庙中，除了山西解州关帝庙以外，其他三个关帝庙包括安徽亳州大关帝庙、河南周口关帝庙、河南朱仙镇大关帝庙均是山陕商人在客地建立并使用过的，也有一些书籍将这三个关帝庙归类为山陕会馆。

1.山西解州关帝庙

解州关帝庙是全国范围内最大的关帝庙，为武庙之祖。从建筑布局到建筑功能，从建筑单体到建筑结构，从建筑装饰到建筑细部，几乎所有的关帝庙和山陕会馆都是以该庞大的建筑群体作为雏形修建。

（1）从建造历程看传承与演变

解州古称解梁，为山西省运城市西南约15公里的解州镇，是三国蜀汉名将关羽的故乡。解州关帝庙位于解州镇西关，北靠盐池，面对中条山。自古以来，这块土地是地质肥沃、阡陌纵横、交通便利的盆地。民间祭祀古代的良将很多，唯关羽最盛。而祭祀良将，兴建大型祭祀建筑的地点一般为其出生地、埋葬地或其平生著名战役地点，其中出生地是祭祀规模最大、名气最响的地点。

解州关帝庙兴建历史久远。据记载，其初始创建于隋开皇九年（589），宋元到

左图：解州关帝庙翘角装饰局部

明清，随着统治阶级和民间对关公美化、圣化和神化的浪潮，又对解州关帝庙进行了多次大规模的修复、重建和扩建。清朝末叶，该庙曾数次失火，损失惨重。清康熙四十一年（1702）毁于大火，后历时十载而重建。中华人民共和国成立之后，政府对解州关帝庙这座古老的建筑群落极为重视，不仅将它及时列入了国家重点文物单位，并且一再拨款对这座庙宇进行维护修复，使之基本上恢复了历史的原貌。在调研中发现，其建筑巧妙而精致的修复手法值得全国建筑遗产保护界人士广泛学习。虽然解州交通并不便利，但解州关帝庙已成为山西省境内著名旅游景点，充分说明了其建筑成就的卓越。

（2）从建筑形制看传承与演变

解州关帝庙建筑总占地面积约6.6万多平方米，建筑主体部分总占地面积为1.8万多平方米。建筑外围立有一座石牌坊。建筑坐北向南，以东西向街道为界，分南北两大部分。南面部分为结义园，以纪念性园林景观为主，由结义坊、君子亭、三义阁、莲花池等景观建筑和构筑物组成。结义园内桃林繁茂，千枝万朵，有意营造出"三结义"的桃园景象，企图通过再造"三结义"故事场景来歌颂关羽。建筑群北面部分为主体部分，在东西向横线上分中、东、西三个院落。中院是主体院落，落于主轴线上，主轴线上又分前院和后宫两部分。前院由北向南依次是照壁、端门、雉门、午门、山海钟灵坊、御书楼和崇宁殿。两侧是钟鼓楼、"大义参天"牌坊、"精忠贯日"牌坊、追风伯祠。后宫中间为春秋楼和分居两侧的"气肃千秋"牌坊，左右有刀楼、印楼对称而坐。东院有崇圣祠、三清殿、祝公祠、葆元宫、飨圣宫和东花园。西院有长寿宫、永寿宫、余庆宫、歆圣宫、道正司、汇善司和西花园以及前庭的"万代瞻仰"坊、"威震华夏"坊。整个建筑北部有极强的宫殿建筑的形制，好似关羽真的是处于与当朝天子平起平坐的帝王地位，这里俨然就是关帝的人间寝宫。如此宏伟的建筑群体熏陶了一代又一代从山西走出去的商人，这些精美的建筑深深烙印在山西商人的脑海中，使得他们将建筑艺术通过山陕会馆

右上图：解州关帝庙入口处石牌坊

右下图：解州关帝庙君子亭

上左图：解州关帝庙雉门

上右图：解州关帝庙御书楼

下左图：解州关帝庙午门

下右图：解州关帝庙鼓楼

解州关帝庙翘角装饰组图

解州关帝庙崇宁殿

的方式传播到全国各地。

（3）从装饰艺术看传承与演变

解州关帝庙装饰艺术中的很多细节都在歌颂关羽：比如各个重要建筑、牌坊上的命名、牌匾、楹联；照壁、石栏板、柱础、柱身、基台上的石雕和砖雕；建筑梁架结构、装饰构件上的木雕，香案、铁鹤、铜钟上的铁艺；这些装饰艺术和建筑细部具有极高的建筑艺术价值。在解州关帝庙中，装饰艺术最具特色的有几点：一、遍及整个建筑群体多个牌坊的设立，包括"大义参天"、"精忠贯日"、"气肃千秋"、"万代瞻仰"、"威震华夏"等，这些牌坊通过最华丽和最具气势的辞藻高度赞扬关公；二、崇宁殿周围回廊中的26根龙石柱。这样的龙柱是在等级制度森严的封建社会中除宫殿建筑以外的建筑所不能拥有的，大面积的龙纹雕刻直接反映了建筑的等级。三、在解州关帝庙的相应庭院中存在石华表两柱、焚表塔两座、铁旗杆一双、香案一台、铁鹤一对，这些用来祭祀的物件在随后建立的山陕会馆中成为标志性物件，直接成为从关帝庙到山陕会馆传承的直接证据。

解州关帝庙是所有山陕会馆和关帝庙建筑与建筑文化的起源之地。研究从关帝庙到山陕会馆的传承与演变关系的起始要从解州关帝庙开始，而其他所有的关帝庙和山陕会馆的整体建筑艺术成就无一超越解州关帝庙。

2. 安徽亳州大关帝庙（山陕会馆、花戏楼）

安徽亳州大关帝庙俗称花戏楼，又名山陕会馆，现为全国重点文物保护单位。这座建筑究竟属于庙宇建筑还是会馆建筑至今未有共识，这种界定模糊的现象恰好说明了山陕会馆与关帝庙的传承关系。

（1）从建造历程看传承与演变

安徽亳州大关帝庙位于亳州城北关涡水南岸，整个建筑为山西商人王璧、陕西商人朱孔领发起筹建，始建于清顺治十三年（1656），后康熙十五年（1676）建立戏楼，至此总占地面积达到3163平方米。从亳州大关帝庙的建造历史可以看出，该关帝庙是两位山陕商人为了突破封建社会背景下对建筑的种种限制，以关帝庙的名义建造的山陕会馆。

（2）从建筑形制看传承与演变

亳州大关帝庙分为戏楼、钟楼、鼓楼、座楼和关帝大殿五个部分。山门前有大片空地广场，山门为三层牌坊式仿木结构建筑，与两边的钟鼓楼形成整体。建筑只有一进院落，庭院为观看戏楼表演的场地。亳州大关帝庙的建筑精髓在于花戏楼，

上图：亳州大关帝庙

下图：亳州大关帝庙戏台

所以民间以花戏楼来称呼整个建筑群体。换句话说，亳州大关帝庙也是一座古代戏院。这座花戏楼在亳州地区享有盛名，充分说明了这个建筑群体表面是以"关帝庙"命名，实际上祭拜功能还在其次，花戏楼上的娱神、娱商、娱民的表演才是建造这个建筑群体的最主要目的。这反映了在从关帝庙到山陕会馆的演化过程中，建筑主要功能偏向产生的变化。

（3）从装饰艺术看传承与演变

亳州大关帝庙远近闻名的"三绝"为山门前高达16米、重2.4万斤的铁旗杆、山门上精美的砖雕以及花戏楼额枋上华丽的木雕。如此高大、沉重的铁旗杆在没有起重机的古代铸造起来是一个奇迹。山门上的砖雕勾勒的"吴越之战"、"三酸图"、"甘露寺"、"三顾茅庐"等经典故事证明了我国古代高超的烧砖技术。花戏楼有限的额枋上竟雕刻有十八出三国戏文，颜色艳丽、层次分明、手法娴熟、令人称奇。这些装饰艺术成为亳州大关帝庙的标志，同时也在述说其集关帝庙、山陕会馆、戏院于一体的建筑传奇。

亳州大关帝庙山门上精美的砖雕

亳州大关帝庙花戏楼额枋上华丽的木雕

3. 河南周口关帝庙（山陕会馆）

河南周口关帝庙，本名山陕会馆，现为国家级文物保护单位，被列为"周口八景"之首。同亳州大关帝庙一样，周口关帝庙的发展历程使人难以界定它究竟属于庙宇还是会馆。

（1）从建造历程看传承与演变

周口地处河南省东南部，沙河、颍河、贾鲁河在市区交汇，三岸鼎立，古为漕运重地，素有"小武汉"之称。明清时期，舟车辐辏，商家云集。根据史料记载，清代在周口经商的山陕商人，曾在沙河两岸修建了两座山陕会馆，因两庙内主祀关羽，故又称南、北关帝庙。现存的河南周口关帝庙是其中一座，它位于周口市富强街，始建于清康熙三十二年（1693），经雍正、乾隆、嘉庆、道光年间扩建重修，于咸丰二年（1852）全部落成，历时159年。1983年以来，各级政府和文物保护部门多次拨款对山陕会馆进行维修和保护，建筑群体基本保存完好。从关帝庙的建造历程可以看出，周口优越的水陆交通条件创造了商业繁荣的历史，山陕商人修建关帝庙的目的主要是为商业服务，祭祀关羽一方面为解乡愁，一方面是为商路祈福。所以，周口关帝庙与亳州大关帝庙性质相同，均为"关帝庙"表皮之下的山陕商帮行业会馆。

（2）从建筑形制看传承与演变

河南周口关帝庙坐北面南，占地面积21600多平方米，现存楼廊殿阁140余间。整个建筑为仿宫殿式三进院落，布局严谨，巍峨壮观，装饰富丽。照壁、山门、钟楼、鼓楼、铁旗杆、石牌坊、碑亭、飨殿、大殿、河伯殿、炎帝殿、戏楼、拜殿、春秋阁由南向北，依次建于中轴线上；药王殿、灶君殿、财神殿、酒仙殿并老君殿、马王殿、瘟神殿及东西看楼、东西庑殿、东西厢房、东西马房，左右对称，建于两侧，与中轴线上各殿交相辉映。院内古柏参天，环境清幽，碑碣林立，殿堂秀丽。该建筑群体的建筑布局不同于其他很多关帝庙和山陕会馆之处在于将会馆的戏楼置于主要轴线的中部位置，戏楼下部无穿越空间。而比较戏楼在亳州大关帝庙中的重要位置可以发现，河南周口关帝庙将祭祀作为主要功能，而这种祭祀方式又不同于纯粹的关帝崇拜，更加带有明显的商业色彩。

（3）从装饰艺术看传承与演变

周口关帝庙建筑装饰的题材极为丰富：包含吉祥如意图案，如"二龙戏珠"、"凤凰牡丹"、"五福捧寿"、"加官进爵"、"金玉满堂"等；包含有神话故事，如"八仙过海"、"竹林七贤"、"天马行空"、"喜上眉梢"等；还有民间传说故事，如"刘海戏金蟾"、"王祥卧冰"、"张良进履"、"白状元祭塔"、"马上封猴（侯）"、"鲤鱼跳龙门"、"喜鹊闹梅"、"狸猫戏蝶"等。这些装饰题材一方面反映了山陕商人在客地生活的美好远景，另一方面也反映了关帝庙和山陕会馆建筑集佛、道、儒三家装饰艺术于一体的共性。周口关帝庙的建筑特色在于在大殿之前的月台上立有一个石牌坊，两侧各有一个碑亭，这样特殊的月台布置方式有别于其他的山陕会馆和关帝庙。它更强调了该建筑群体的祭祀功能，表现出山陕商人对关帝崇拜的虔诚。如今，周口关帝庙大殿月台前的香炉依然香火旺盛，这一建筑作为文化载体把祭拜文化不断传承。

上图：周口关帝庙戏台正面

下图：周口关帝庙戏台侧面

周口关帝庙牌坊和碑亭

4. 河南朱仙镇大关帝庙（山西会馆）

河南朱仙镇大关帝庙是现存较小规模的关帝庙，原名为山西会馆。1986年被河南省人民政府列为省级文物保护单位。

（1）从建造历程看传承与演变

朱仙镇是清代四大名镇之一，交通便利，商业繁荣。乾隆年间该镇商业进入鼎盛时期，经商的商人商号有一千多家，尤以山西商人最多。山西商人多来自平阳、绛州、曲沃、翼城及太原府。现如今的朱仙镇已经没有往日的繁荣景象，街道冷清，分外落寞，已难以想象昔日场景，只有几家商铺还在继续着朱仙镇有名的版画生意。

据记载，朱仙镇曾有两处会馆，一处在镇西北部，与岳王庙毗连，合称关岳庙，又称大关帝庙；另一处在原镇区公所和镇立小学所在地，俗称小关帝庙，目前幸存的这座关帝庙为大关帝庙。据志书记载，这座关帝庙的前身是山西商人在明嘉靖六年（1527）建立的一座山西会馆，到了清康熙年间，由于朱仙镇商业的发展，迅速成为开封城南的大都会，外地商户云集朱仙镇。为了搭台唱戏，山西众商号捐资重建关帝庙，后经过清代雍正、乾隆、道光朝代的几次改建和扩建后达到建筑规模的鼎盛时期。在日军占领朱仙镇时，日寇为修筑炮楼而拆除戏楼。其间，大关帝庙曾被改为教养院、工厂、小学、公社，目前为朱仙镇木版年画社所在地。可以说，朱仙镇大关帝庙经历的历史变迁远比现存建筑本身精彩，留下了丰富的历史资料，是宝贵的非物质文化遗产。同时，清代早期大关帝庙的盛况说明对关帝的崇拜远高于山西商贾在朱仙镇的影响力，使得"山西会馆"被迫改名为"大关帝庙"。

（2）从建筑形制看传承与演变

在朱仙镇大关帝庙的鼎盛时期，主要建筑有照壁、山门、钟鼓楼、牌坊、大殿、春秋楼、戏楼、铁旗杆、厢房及耳房。会馆建筑规模宏大，装饰精美，是全镇之冠。在历经了战争和政治斗争的摧残以后，大关帝庙现在只剩下一进院落，戏楼、钟鼓楼、春秋楼、牌坊和铁旗杆等重要建筑和构件均已不存在。

（3）从装饰艺术看传承与演变

由于朱仙镇在中国近代历史中的遭遇，大关帝庙的盛况已经不复存在，现山门也只是比例略显怪异的围墙，主体建筑也极为简陋，没有多少雕刻装饰，但是从现有的一些建筑细节，如门前的石狮等还是可以让人想象当时建筑群的恢宏，以及山西商贾在朱仙镇雄霸一方的历史。朱仙镇大关帝庙代表的是一批在近代史中饱受摧残的中国古代建筑，用仅有残破的文化载体——建筑，记录了不堪回首的岁月。

朱仙镇大关帝庙内院

朱仙镇大关帝庙春秋宝殿

朱仙镇大关帝庙入口景象

朱仙镇街景

二、山陕会馆案例概况

下面介绍的山陕会馆中，以河南境内的山陕会馆为主，另有山东省、四川省的山陕会馆各一座。其中，河南社旗山陕会馆、山东聊城山陕会馆、四川自贡西秦会馆为山陕会馆中的杰出代表。

1. 河南社旗山陕会馆（山陕庙）

河南社旗山陕会馆，又名关公祠、山陕庙。在所有的会馆中，被业内专家誉为"辉煌壮丽，天下第一"。1988年1月，社旗山陕会馆在全国现存同类建筑中，是首家被国务院列为全国第三批重点文物保护单位。

（1）从建造历程看传承与演变

社旗原名为赊旗，水陆交通发达，商人云集，是南北九省过往要道和货物集散地。清乾隆年间，它与前文提到的朱仙镇均位列四大名镇[1]。此会馆始建于清乾隆二十一年（1756），是寓居此地的山陕商人集资兴建的同乡会馆，经嘉庆、道光、咸丰、同治到光绪十八年（1892）完全竣工，历时6个朝代共136载。建成后的山陕会馆坐北朝南，南对最繁华的瓷器街，北靠五魁场街，东邻永庆街，西伴绿布场街，处于赊旗镇闹市中心。后赊旗镇被周恩来总理更名为"社旗镇"，寓意为"社会主义的一面旗帜"。如今，社旗镇已经不再处于全国商业贸易中的重要地位，但是这一辉煌的建筑群记录了社旗镇的辉煌商业历史。

（2）从建筑形制看传承与演变

社旗山陕会馆，主体建筑呈前窄后宽形态，东西最宽62米，南北长156米[2]，总占地面积12885.29平方米，建筑面积6235.196平方米，现存建筑152间。整体建筑分前、中、后三进院落，位于中轴线上的建筑有：琉璃照壁、悬鉴楼、石牌坊、大拜殿、大座殿、春秋楼。两侧建筑有木旗杆、铁旗杆、东西辕门、东西马厩、钟鼓楼、东西看廊、腰楼、马王殿、药王殿、道坊院等。其中，春秋楼及其附属建筑于

1　四大名镇为：朱仙镇、赊旗镇、回郭镇、荆紫关镇。

2　不包括已经毁坏的春秋楼。

社旗山陕会馆

社旗山陕会馆万人庭院

咸丰七年（1857）为捻军所焚，最后一进院落也随着消失。

社旗山陕会馆周边的街市格局如今得到了良好的保存，也从侧面说明当时社旗山陕会馆在城镇中的规划、选址具有前瞻性。社旗山陕会馆处于用地紧张的闹市，一反中国传统建筑特别是民用传统建筑的横向铺展，而是在有限的地形上建立了庞大的建筑体量，却不显丝毫的拥挤，还创造了传说可容纳一万人同时观看演出的"万人庭院"，充分说明社旗山陕会馆在建筑布局设计上的独具匠心。其中，对于铁旗杆、大拜殿、大座殿的布局充分显示建筑受到关帝庙影响至深。

（3）从装饰艺术看传承与演变

已有不少学者对社旗山陕会馆的装饰艺术进行了专题研究，就其突出特征总结出以下几点：首先，从《创建春秋楼碑记》可知，"运巨石于楚湘，访名匠于天下"，社旗山陕会馆的很多装饰细节都出自从远道请来的秦晋匠人之手，耗费了巨资，据说单是一座春秋楼就耗费白银70万余两，只可惜春秋楼现仅存遗址。从建筑的整体外观到建筑装饰细部可以明显表现山西、陕西的建筑风格；其次，装饰艺术在建筑群体中覆盖极为广泛，包括木雕、石雕、琉璃、砖雕、宫灯、彩画、刺绣品等，这些装饰艺术品镂雕精巧、内容丰富、色彩华丽，堪称绝品。再次，仿造北京宫殿里的照壁修建的精美琉璃照壁以及慈禧太后刻于石碑上的草书"龙"、"虎"二字，充分证明了当时社旗山陕商人势力强大，同时也是商人阶层对于封建社会等级制度的挑战。最后，社旗山陕会馆中有多个供奉神灵的殿堂，而位置最重要、体量最庞大的大座殿与大拜殿，以及月台上设置的石牌坊均为祭拜关羽的场所，这有效地证明了关帝庙与山陕会馆的紧密联系。在社旗山陕会馆后院中，关帝庙的标志性建筑春秋楼的遗址很好地证明了这一联系。

2. 山东聊城山陕会馆

山东聊城山陕会馆，俗称关帝庙，为聊城"八大会馆"之首，也是其中唯一保存下来的会馆。聊城山陕会馆是历史上聊城经济繁荣、文化昌盛的见证。更重要的是，聊城山陕会馆文化是运河文化的一个重要组成部分。1977年，山东省人民政府将其列为省级重点文物保护单位。1988年，国务院将它列为全国重点文物保护单位。

（1）从建造历程看传承与演变

用一句话可以概括聊城山陕会馆的发展历史，那就是"京杭漕运开盛世，山陕会馆占天机"。因为，聊城的一切都与水有关，它最繁华兴盛的时期恰恰是水脉最多最旺盛的时候。聊城靠运河而兴盛。发达的大运河穿城而过，漕运繁忙，两岸商铺众多。在聊城太平街、双街及越河一带，各地商人纷纷前来开设商号，创办手工业作坊。山东聊城就占尽这样的天时地利。各地商人来到这里，长期行走他乡，思亲恋旧之情使他们萌生出一个迫切的愿望，就是要建一处"悦亲戚至情话，慰良朋之契阔"的场所来稍事休整，于是山陕会馆、江西会馆、苏州会馆等20多家会馆林立在运河两岸。山西商人适时来到了这里，使这里成为运送茶叶时由水路转入陆路的重要码头。后来，山西商人在聊城的资本最为雄厚，加上陕西商人，有1000多人，所以山陕会馆气魄最大，位于双街至龙湾停靠船只最多的地方，风光占尽，是秦晋富商独立商海，雄踞齐鲁的见证。

据清朝人李弼臣的《旧米市街太汾公所碑》中的记载，山陕会馆的前身是一处旧家宅，为"太汾公所"，后来山陕商人人数增加以至于太汾公所不能容纳那么多人，就建立了山陕会馆。乾隆八年（1743），山陕会馆开始兴建，在会馆复殿正堂的屋脊檩条上至今仍保留着"乾隆八年岁次癸亥闰四月初八日卯时上梁大吉"的朱墨文，南间屋脊檩条还用朱笔写着山陕工匠的名字——梓匠（即木匠）：赵美玉、常典；泥匠：孙起福；油匠：李正；画匠：霍易升；石匠：李玉兰。北间屋脊檩条上写着会馆住持张清御和山陕经理等18人的名字。这座会馆最初的建筑规模并不是很大，历史上先后进行了八次扩建和维修。据记载，其中第四次维修从嘉庆八年（1803）到嘉庆十四年（1809），历时六年之久，第五次维修是在道光二十五年（1845），这才有了现在的规模。

（2）从建筑形制看传承与演变

山东聊城山陕会馆坐西面东，阔43米，深77米，占地总面积达3311平方米。整个建筑群由山门、戏楼、钟鼓二楼、南北两看楼、南北两碑亭、关圣帝君大殿、财神大王北殿、文昌火神南殿、春秋阁、南北两跨院等组成，共计房间160余间。面积虽不算大，但布局紧凑，设计合理，大小间错，疏密得体。会馆的布局为典型的山陕会馆的布局方式，在轴线末端设置春秋阁，表现了对于关帝庙建筑文化的传承。该会馆布局特色在于将钟、鼓二楼设在小型侧院当中，从建筑的外立面可以窥见钟、鼓二楼全貌，比例尺度和谐，为建筑的外立面增添活力。

（3）从装饰艺术看传承与演变

山东聊城山陕会馆在现存的山陕会馆中规模不算大，但是其装饰艺术确是保留较为完整，从中能窥见很多关帝庙的印记。关羽在历史的变迁中同时代表了佛、道、儒三家文化，而山东聊城山陕会馆的装饰艺术也融儒、释、道三家思想于一

暮色中的聊城山陕会馆

体。其一，聊城山陕会馆正殿檐柱上方刻有老子、八仙人物，"神仙传"、"行孝图"等关帝庙雕刻装饰中常见的题材。其二，在会馆门楣上方镶嵌的石质方匾，分别书写着"履中"、"蹈和"。很多关帝庙的装饰艺术中也会出现"履中"、"蹈和"字样，例如广东省佛山市西南武庙正门阴面也题有"履中"、"蹈和"字样。其三，聊城山陕会馆正殿又称为关圣帝君大殿，石柱正面就刻有歌颂关羽的楹联，内柱有文："伟烈壮古今，浩气丹心，汉代一时真君子；至诚参天地，英文雄武，晋国千秋大丈夫。"其四，复殿中供有关圣帝君雕像，雕像高三米，身穿刺绣龙袍，鎏金冠旒，威严端正。由此可见，聊城山陕会馆与关帝庙的装饰艺术，其文化内涵一脉相承。

3. 四川自贡西秦会馆（武圣宫）

四川自贡西秦会馆，也称为陕西庙或关帝庙，俗称陕西会馆。1988年1月，西秦会馆被列为中国重点文物保护单位，现为自贡市盐业历史博物馆。

（1）从建造历程看传承与演变

自贡旧称自流井，它的一切与"盐"有关，被誉为"千年盐都"。在极盛时期，自贡曾有西秦会馆、贵州庙[1]、火神庙、王爷庙、桓侯宫等庙宇及会馆。前文提到，在其他地区时常可以见到山西会馆及山陕会馆，而陕西商人独自修建的陕西会馆则基本只存于四川省境内，这一切都是由于陕西商帮在四川境内的盐业贸易发达。自贡西秦会馆就是由资金实力最为雄厚的陕西商人捐资修建的。

西秦会馆始建于乾隆元年（1736），至乾隆十七年（1752）竣工，历时16载，成为自贡地区首座会馆建筑。道光七年（1827）至道光九年（1829）间，西秦会馆进行了一次大规模的维修与扩建。辛亥革命时期，同志军设总部于西秦会馆，后会馆曾遭滇军炮轰，龙亭被毁。从1938年起，这里先后成为自贡市政筹备处和自贡市政府所在地。1952年，自贡市盐业历史博物馆以西秦会馆馆址正式成立并对外开放，并进行了一次大规模的维修。在"文化大革命"时期，博物馆的职工为了使馆内精美的木雕和石雕免遭破坏，用木板将它们封盖，刷上红漆，写上毛主席语录。虽然经历了这么多风雨，自贡西秦会馆还是有幸保留与修缮完好，目前作为自贡市盐业博物馆对外开放，成为自贡市重要的旅游资源。自贡西秦会馆建筑承载的不光是陕西商人的商业文化，还有当时的盐业文化以及关公祭拜文化。

---

1 已毁坏。

自贡西秦会馆抱厅

左上图：自贡西秦会馆
左中图：自贡西秦会馆献计楼
左下图：自贡西秦会馆金镛阁

（2）从建筑形制看传承与演变

西秦会馆后枕龙凤山，前临解放东路大街。其总体布局方正，坐南朝北，中轴线布局，强调对称，占地面积约3600平方米。沿中轴线布置一系列建筑单体，融官式建筑和民居建筑于一体。西秦会馆在轴线上布置主要殿宇厅堂，依次为：武圣宫大门、献计楼、参天阁、中殿和祭殿，两边则用廊、楼、轩、阁以及一些次要的建筑环绕和衔接，建筑外围由山墙环绕，形成有纵深、有层次、有变化的院落空间。西秦会馆平面采用院落式布局，由中轴线上一大一小的院落和中殿周围的两个花园庭院构成了整个建筑群体，轴线沿地势依次抬高，形成层层升高的序列。中轴线上的两个院落将整个建筑分为三部分。第一部分是以天街院坝为中心，以献计楼、抱厅和两侧的厢房围合成一个开敞、明朗的空间。在这个部分，献计楼、抱厅处于中轴线，成为主轴线的两个端点，金镛阁和贲鼓楼分别置于两厢房之间，成为另一轴线的端点。这一部分主要用于聚会、看戏的空间，因而建筑空间比较宽敞。第二部分主要包括参天阁、中殿以及中殿两侧的庭院。这部分轴线上布置较为紧凑，但内部空间疏朗。两侧的庭院则营造出一种曲径通幽之趣，在对称轴线布局的建筑群落中融入了一丝清新和别趣。最后一部分则为中殿和祭殿及两殿间的一个狭小的庭院。这部分布局较为紧凑，庭院狭长，强调一种私密和神秘感。总体来说，整个建筑的布局和风格体现了从关帝庙到会馆建筑演化过程中本土建筑与地域性建筑的融合。

（3）从装饰艺术看传承与演变

遍布全馆的精美木雕和石雕则是这幢建筑物的灵魂。西秦会馆的雕刻艺术集木雕和石雕为一体，风格独特，内容丰富。题材主要包括戏剧场面、历史故事、神话传说、社会风貌、博古器物、花卉鸟兽、民间图案等。据《西秦会馆》一书统计：馆内有人物、故事情节的石雕、木雕共127幅。其中，人物雕像居多，计500余人，大部分人物形象都贴金箔，栩栩如生、光彩照人；石雕70幅，独体兽雕24尊，其他如博古、花卉、图案等木雕、石雕数千幅，这些装饰艺术代表了陕西建筑艺术的最高水平。另外，这些作品中不乏对与关羽有关的故事和传说的刻画，充分展示了陕西人对于关帝的崇拜。从某种程度上来说，是共同的精神信仰让山西、陕西商人走上了合作的道路，成就了辉煌的"西商"商业历史。

4.河南开封山陕甘会馆

在河南开封的山陕甘会馆，原为山陕会馆，为全国重点文物保护单位。

（1）从建造历程看传承与演变

在中国古代，河南开封拥有得天独厚的地理条件。从明至清的数百年间，山西商人就来到这块商业贸易的黄金地带，将皮毛、山货等物品源源不断地运抵开封，开拓了一片属于山西商人的天地，不久便建立了山西会馆。乾隆年间，开封山西商人与陕西商人商定联合建立山陕会馆。经过对选址周边环境的仔细考察，明代徐府旧址被选为改造和扩建的对象，建立了山陕会馆，并此后长年筹集资金作为会馆修缮和扩大的费用。后经几次扩建，一组较为完整的关帝庙古建筑群就建立起来。光绪年间，由于甘肃商贾加入，山陕会馆遂易名为山陕甘会馆。从山西会馆发展到山陕会馆，再到山陕甘会馆，该会馆是全国范围内少有的三省联合的会馆，在众多会馆的发展历史中独树一帜，从侧面也能反映出山陕两省在传播和发扬关帝崇拜文化方面所作出的贡献，并清晰地体现了山陕会馆的文化发展脉络和轨迹。

（2）从建筑形制看传承与演变

山陕甘会馆坐北面南，在中轴线上修建的主要建筑为照壁、戏楼、关帝殿和牌楼，庭院两边为翼门、钟鼓楼、东西配殿，左右分别有东西跨院侧院。整个庭院向纵深方向发展，为长方形，在靠近关帝殿的地方有一座鸡爪牌坊，将庭院进深缩短。整个建筑明显有别于前面提到的山陕会馆和关帝庙，从尺度和风格上可以感受到原来建筑为宅院。在改"宅"为"馆"的过程中，特地为会馆修建了一座关帝大殿。据说每逢祭祀关羽之日，会馆连日演戏，人山人海，十分热闹。开封山陕甘会馆的建筑完成了从宅院到会馆，从会馆到关帝庙的演化过程。

（3）从装饰艺术看传承与演变

开封山陕甘会馆中还有一座为关公而建的牌楼，名叫"鸡爪牌坊"，相同特征的牌坊还出现在北舞渡山陕会馆中。可以说"鸡爪牌坊"是山陕会馆的一个创新性、标

上图：开封山陕甘会馆
中图：开封山陕甘会馆鼓楼和配殿
下图：开封山陕甘会馆鸡爪牌坊

志性的构筑物。如前文所述，牌坊原是关帝庙中赞颂关帝品格的建筑标志。在从关帝庙到山陕会馆的传承与演变过程中，这种牌坊在保留的同时具有了山陕会馆独立的特色。而有关鸡爪牌坊由来和起源的有趣故事也变成了山陕会馆文化独特的一部分。

开封山陕甘会馆砖雕、石雕、木雕装饰艺术堪称"三绝"，内容丰富、雕工精细、技法不一、题材多样，不愧为会馆建筑之瑰宝。在照壁内侧的砖雕，柱础上的石雕，大殿额枋上的木雕都是山陕甘会馆的标志性雕刻艺术。

5. 河南洛阳山陕会馆（西会馆）

洛阳城有两处会馆，分别为东、西会馆，洛阳山陕会馆为西会馆，为河南省文物保护单位。

（1）从建造历程看传承与演变

该会馆位于洛阳县城南关之外的洛水北岸，为山西、陕西两省商人所共建。《东都山、陕西会馆碑记》记载：洛阳"城南郭外有山陕西会馆一区，创自康熙雍正间。计什一之盈余，积镪累铢，殆经始十有余载而后成功。……嘉庆中，雨风剥蚀，颇有倾颓，两省之人惧其湮废，重葺而新之，经营又廿余年"，至道光十五年竣工。依据碑文所言，山陕会馆始建于康熙末年，至雍正年间落成，历时十余载；而此次重修，自嘉庆年间至道光十五年，更长达20余年，耗银25000余两。该碑开列了此次重修会馆的董事，计有：元亨利、泳盛、隆兴西、合盛顺、义兴隆、合兴涌、魁盛永、元益当、兴盛郑、义新盛、李元泰、永合源、兴隆合、永盛郑、大聚隆、永兴通、仁和德、义成生、新和荣、泰成豫、协盛玉、张元发、敬盛允等，共23家。除两省商人参与集资之外，河南府知府陕西长安李裕堂、洛阳知县山西介休马懿二人也分别捐银八百两和五百两。

（2）从建筑形制看传承与演变

洛阳山陕会馆建筑有山门、照壁、正殿、拜殿、牌坊、舞楼、东西门楼、修廊、配殿、官厅，以及香火僧住房等。山门建筑面阔三间，进深一间，屋顶为歇山式。舞楼面阔、进深各三间，为凸型舞台，但挑出较小，面宽较大，屋顶为歇山式。正殿为中心建筑，面阔五间，进深三间，歇山式。轴线尽端的拜殿为重檐悬山式顶。在调研过程中发现，由于山陕会馆周边街区结构发生改变，不是从建筑原有戏楼下的主入口进入建筑，而是从正殿和拜殿侧方直接进入建筑庭院，如此改变整体建筑次序，不利于建筑整体和单体的保护与修复。另外，洛阳山陕会馆现存有修缮的石碑十余通，是研究山陕会馆历史演变的确凿佐证。

修复中的洛阳山陕会馆

洛阳山陕会馆细部之一

洛阳山陕会馆细部之二

（3）从装饰艺术看传承与演变

与其他山陕会馆类似，洛阳山陕会馆也有丰富的装饰艺术价值，有木雕、石雕、砖雕、彩绘等。其中，洛阳山陕会馆的照壁造型独特、色彩绚丽，是目前豫西地区保存最好的琉璃照壁。现存琉璃照壁，自下而上由青石座、壁身、绿色琉璃瓦顶三部分组成。正中用彩釉琉璃方砖砌成二龙戏珠图案及人物、花鸟等。照壁的壁面形式为方中套圆，取"天圆地方"之意，配不同手法和题材的装饰图案，壁面丰富充实、栩栩如生，与社旗山陕会馆、开封山陕甘会馆均有相似的材质与形制。在山门三个拱券门的两边镶嵌有缠枝花卉，两次间分别雕猛兽穿梭于云间，线条流畅、生动逼真。

6. 河南洛阳潞泽会馆（东会馆）

洛阳潞泽会馆为洛阳东、西会馆中的东会馆，现为洛阳民俗博物馆。

（1）从建造历程看传承与演变

洛阳在中国的历史上曾辉煌一时，先后有13个朝代在此建都。在很长一段时间里，它都是中国政治、经济和军事中心。宋代以后，洛阳地位逐渐衰弱，降为陪都，元、明、清为河南府治所在。顺治、康熙、乾隆年间，先后重修洛阳城池，形成了现今的洛阳老城。老城大致呈正方形，为洛阳历史上最小的城池，和汉唐时期相比，已是不可同日而语了。即便如此，它仍是繁华的商业中心、交通要道及军事要地。潞泽会馆位于历来以商业繁华著称的洛阳老城新街南端东侧。

潞泽会馆是在原"关帝庙"的基础上，由长治和晋城两地商人筹资所建的。古时漯河货运繁忙，因此商人利用这个地方住宿、集会及洽谈生意。会馆建在关帝庙的基础上，是因为生意人敬奉关公为人做事讲求仁义和诚信。这座会馆就这样沿用了一百多年，直到民国期间，被改作"潞泽中学"，后来甚至成为国民党临时关押壮丁的地方。新中国成立后，洛阳市政府接管了此地，继而改为看守所，"文革"期间又成为"政治犯"看守所。1982至1983年，本打算在这里兴建"豫西博物馆"和历史名人馆，但最后还是改建成民俗博物馆，沿用至今。

（2）从建筑形制看传承与演变

潞泽会馆占地面积为15750平方米，是中原地区保存最完整、规模最宏伟的古建筑群之一。它坐北朝南，东临河，西靠商业区，南濒临漯河，古洛河河道宽阔，流量大，水运繁荣，可见会馆交通之方便，地理位置之险要，这是作为商业贸易中转站以及商人聚点的重要条件。整个建筑群落，现存的有舞楼、大殿、后殿、钟鼓楼、东西厢房、东西配殿及西跨院等建筑。而据老辈人讲，原来舞楼前还有魁星

上图：洛阳潞泽会馆外景

下图：洛阳潞泽会馆内景

楼、文昌阁、九龙壁，已毁于20世纪60年代。潞泽会馆的正门上镶嵌着一块石质匾额，上刻"潞泽会馆"四字，是1941年题写的，出自潞安府王毅之手。舞楼实际上成了会馆的穿堂大门，也叫戏楼，主要用来唱戏。穿过舞楼，中间稍稍高起的大块平地上巍巍屹立着大殿和后殿两个主殿。两侧长近百米的厢房延伸过去，中间围合出一大块空地，这是以前人们集会和看戏的地方。那时，每逢春节，这里便很热闹，从大年三十晚上开始，要连演三天大戏。三天之内，潞泽两州因做生意不能回山西老家的商人，都要在舞楼前面正中场地上落座，附近老街坊、城郊众戏迷也纷纷赶来，过把戏瘾。据几位老人回忆，当年的演员们来到会馆之后，都住在舞楼两侧的耳房内，男演员住一间，女演员住一间。耳房与舞台之间，有穿堂相连，演出时，演员可直接从耳房来到舞台上而不需绕路。舞楼的舞台，正对着大殿，大殿也是重檐歇山式，面阔五间，进深五间，不过比舞楼更加宏伟，整体呈方形。

（3）从装饰艺术看传承与演变

潞泽会馆建筑装饰艺术十分考究，木雕和石雕作品非常精美，堪称中原地区雕刻艺术宝库中一朵光彩夺目的奇葩。这座会馆建筑中最典型最完美的当数柱础。要知道这里的柱础，并非一般的石头做个垫脚而已。每个柱础，都堪称雕刻精美的石雕作品。大殿外檐有六个石柱础最具特色，上层为二龙盘鼓；二龙首尾相连作环绕状，采用的是最费工夫的透雕形式；中层系六兽钻桌：幼象、幼羊、鹿、狮子、老虎、狻猊嬉戏玩耍，有的钻进，有的钻出，神态十分可爱；下层为十二覆盆莲瓣纹，每瓣里面用浅浮雕雕刻了蜻蜓、蝙蝠和蝴蝶。

潞泽会馆是晋商文化的产物。由于商业的发达和繁荣，加之有晋商的雄厚经济基础，才得以建造出如此富丽堂皇的建筑。它是晋文化和中原文化的融合，其建筑风格既有晋南地区的风韵，又反映了河洛地区的特点，既承袭古制又不乏当时的时代特征。潞泽会馆在建筑技艺上大胆创新，达到了艺术风格和实用价值的完美结合。

7. 河南荆紫关山陕会馆（陕山会馆）

荆紫关山陕会馆，又称为陕山会馆，是四大名镇之一的荆紫关镇的最大古建筑群之一，现为荆紫关民俗博物馆。

（1）从建造历程看传承与演变

荆紫关位于河南省淅川县西北边陲，地处豫、鄂、陕三省结合部，面临丹江，背负群山，地势险要，为"西接秦州，南通鄂渚"之交通要塞，素有"一脚踏三

荆紫关山陕会馆入口

省"之称。荆紫关凭着独特优越的地理位置，常常成为历代商贾云集和兵家必争之
地。清道光年间，山西、陕西两地在荆紫关经商的商人联手修建了规模宏大、建筑
精美、气势雄伟的山陕会馆。据《淅川大事记》记载：1806年，即嘉庆十一年，山
西、陕西商人在荆紫关拆关帝庙改建山陕会馆。至于为什么会拆掉关帝庙改为山陕
会馆不得而知，但是可以从这一记载中发现，在荆紫关存在过关帝庙，并且就是目
前还保留的荆紫关山陕会馆的前身。

　　（2）从建筑形制看传承与演变

　　山陕会馆位于荆紫关古街东侧面，面积4000余平方米。坐东向西，面临丹江。
现存建筑6座，房屋29间。中轴线上依次有大门楼、戏楼（过道楼）、春秋阁、后殿等。与其他山陕会馆相比，荆紫关山陕会馆规模并不大，但是形制依然算得上十分完整，且与关帝庙有相似的建筑序列。荆紫关山陕会馆有大门楼三间，门前有青石阶，两侧各有造型奇特的石狮，门楣与檐间有两层石雕图案，庄重威严。戏楼三间，重檐硬山式建筑，下层为过道，上层中间为戏楼，故也称为过道楼。戏楼北间为乐队室，南间为化妆室。从过道楼下穿过一条宽2米、长30米的甬道，便是春秋楼。春秋楼面阔三间，屋顶为硬山式建筑。春秋阁前南北两侧建有钟楼和鼓楼，高约十米，为方形攒尖顶，四角悬铃。沿春秋楼北侧殿房穿过，便进入后殿。最后有住房六间，后殿三间，歇山式建筑。南侧钟楼毁于"文革"期间，现仅存北侧鼓楼。山陕会馆的建筑面积虽然不算大，但是各重要的建筑一应俱全，建筑布局颇具特色。例如钟鼓楼建于春秋阁两侧，春秋楼后继续建有后殿，这些都是荆紫关山陕会馆的特色。

（3）从装饰艺术看传承与演变

山陕会馆建筑结构新颖独特，装饰技艺精巧复杂，木雕、石雕随处可见。楼的前后檐均有"唐僧取经"等木雕组画六组，雕绘精湛。春秋楼两侧有形态逼真的透花木雕，包括"麒麟望北斗"、"丹凤朝阳"、"习武图"及"雄鹰展翅"等。前后檐设木雕斗拱，阁内供泥塑关公像。春秋楼内有"哪咤闹海"、"仙鹤送书"等故事木雕。从装饰题材可以看出山陕会馆中蕴含着浓厚的关帝崇拜文化。这与前文中提到"荆紫关山陕会馆是在关帝庙拆掉之后重建的"这一记载不谋而合，也就是相较于在荆紫关古镇建筑群里的其他建筑，如颇有名气的平浪宫、禹王宫、万寿宫等，山陕会馆的装饰题材更独特，往往带有关帝崇拜的意味。另外，值得一提的是，山陕会馆最具特色的是石狮子很多。各个房柱都有顶石，柱顶石均雕有神态各异的小狮子，加上会馆前门、门沿及房角等处的石雕狮子，令人目不暇接，故有"会馆石狮子数不清"之说。

山陕会馆是荆紫关镇最大的建筑群，对了解古代的历史、经济和文化都有重要的价值。

第七章

山陕会馆（关帝庙）的保护与再利用

　　从关帝庙到山陕会馆的传承关系已在前文中全方位、多角度地进行了分析与阐述，而从现存的关帝庙与山陕会馆来看，出现这样的表征：关帝庙与山陕会馆的界定较为模糊，已不能单从目前的建筑（群）名称武断地认定是关帝庙还是山陕会馆。再者，中国古建筑的保护与再利用，并不受到建筑类别的限制，应着眼于古建筑（群）这一历史遗存本身的历史、文化、艺术价值。因此，本章节将探讨关帝庙与山陕会馆的保护与再利用。

　　中国明清之际各地商人集团的崛起，带动了中国会馆建筑的蓬勃发展，但自清末社会思想的激烈变革，到世界大战的硝烟弥漫，再到国内政治斗争的社会动荡，最后到经济飞速发展的现代，中国经历了不平静的数百年，中国会馆建筑也随之经历了不安稳的数百年。在每一个阶段，建筑的物质形态和非物质形态都受到了极大的威胁甚至摧毁。不同于宫殿建筑和宗教建筑，遍及全国各地的山陕会馆这一群体在这个过程中被全面破坏，随着建筑实体的大面积消失，其相关文化也几近消逝，因此山陕会馆物质形态与非物质形态的保护与再利用问题就显得刻不容缓。相比较而言，由于关帝庙敬拜关羽，而关羽在"文革"极"左"思潮中属于诸神中难得的"好神"，关帝信仰在民间基本得以保存，与人们的精神信仰紧密联系，因此关帝庙建筑和关帝文化保护也相对完整。有幸的是一部分从关帝庙演化和传承下来的山陕会馆也顺带得到了维护和修复。这或许正是我们今天还能欣赏到这些精美建筑的幸运所在。

一、山陕会馆（关帝庙）的文化保护与发扬

　　建筑是文化的载体，经历了社会的变革、经济的互通调配以及城市人群的重新分布定位，山陕会馆建筑实体已经经历了接二连三的改变，但山陕会馆的历史不会改变，山陕会馆为中国古代建筑文化作出的贡献不会改变。前面章节从关帝庙和山陕会馆的传承与演变角度探讨了关帝庙和山陕会馆的文化内涵，下面笔者将从对山陕会馆与关帝庙文化的理解出发，详细阐述山陕会馆（关帝庙）的文化保护与发扬。

左图：解州关帝庙的垂花柱固定

1. 山陕会馆（关帝庙）的文化保护

"了解过去才能知晓未来"，近现代以来，人们对古代建筑文化的保护意识不断加强，这是在人们物质生活水平得到基本满足的前提下建立起来的。笔者在绪论中提到，对山陕会馆的研究已有了阶段性的成果，但关于关帝庙与山陕会馆的文化研究还需要各领域学者和社会全体成员长时间的不懈努力，这里将继续从性质定位、开放研究、全面诠释、群体意识四个方面展开论述，对关帝庙、山陕会馆的文化保护措施提一些意见和建议。

（1）性质定位

在中国古代，宫殿建筑、民居建筑、宗教建筑等类别的建筑基本上都有明确的性质定位，使人们可以更深入地对这些建筑类别群体做共性和特性研究分析。但是，错误的定位方式也可能造成对建筑文化的误解。在全面介绍中国古代建筑的书籍中，对于山陕会馆这样在特定社会经济背景下的产物，人们常常将它与同时期产生的书院建筑归为一类，却无法将这两者安插于任何一类已达成广泛共识的建筑类别。至此，山陕会馆与关帝庙分别属于不同的建筑类别，对此领域没有任何研究的学者们也不会认同这两者之间的传承和演变关系。即便是对山陕会馆与关帝庙有过研究的学者，也将其认为是建筑称呼上的错位，忽视对其本源的进一步研究。

所以，这里强调山陕会馆与关帝庙文化的首要问题，其实是在纠正一个误区，有关山陕会馆和关帝庙的性质定位。这种性质定位不能简单地从建筑的名称出发，而是要研究建筑的历史发展随时间推移而产生的变迁，以期寻求建筑最根本的文化内涵。有很多名为"山陕会馆"的建筑，其本体是"关帝庙"，而有很多名为"关帝庙"的建筑却实实在在是山陕商人使用过的"山陕会馆"，所以名称只是建筑历史不断推进之后沉淀的产物之一，但绝不能成为对建筑性质进行定位的唯一根据。

（2）开放研究

不同领域的学者对山陕会馆与关帝庙进行了研究：历史方面包含有社会历史、经济历史、建筑历史等，艺术方面包含有建筑艺术、装饰艺术、文学艺术等，文化方面包含有宗教文化、民俗文化、戏曲文化等，在目前已经取得了很多成果。根据从关帝庙到山陕会馆传承与演变的复杂过程，应该更注重的是开放性研究，具体说来，分为以下几个方面：

首先，对会馆与庙宇进行开放性研究。山陕会馆与关帝庙的传承关系使得在研究山陕会馆的同时需要研究关帝庙，以及与关帝庙相关的宗教文化，具体来说还有儒家文化、道家文化、佛家文化。只有将这些研究结合起来，才可能完全反映出山陕会馆的文化内涵和意义。从历史的角度，关帝庙的祭拜功能如何在山陕会馆得以延续；从建筑角度，在山陕会馆中，其他功能如何与关帝庙留存的功能和谐共生；从文化的角度，关帝庙的传承对山陕会馆文化产生如何的影响。这些问题只有对会馆和庙宇进行开放性研究才能有效地深入。

其次，对陕西与山西进行开放性研究。山陕会馆见证了山西、陕西两省人和谐友好共处的数百年历史，这种联系，有几个方面的原因，这些原因之间也互为因果。一是地理上的联系。秦晋两省地理毗邻相连，山西自河曲保兴至蒲津一千五百里，与秦中接壤，作为陕西商帮核心的同州府与作为山西商帮核心的蒲州府隔河相望；二是民间风俗的联系，从春秋战国以来，两省沿黄两岸人民就互通婚姻，结秦晋之好，形成姻戚关系。山陕两省地理相邻，互相联姻，习俗相同是两省商人携手联合、共同发展的社会原因；三是移民运动的影响。明初在山西实行移民，陕西与山西隔河相望，成为山西移民路近少累的首选之区。这种互相联姻、相互移居，使两省人民形成共同的文化习俗和心理认同；四是精神信仰的联系。关公是蒲州人，陕西是关公改姓之地，关公又是两省人民精神纽带的象征，这本身就将两省人民在历史和文化上联系在一起；五是商业贸易的联系。沿黄河两岸各县自明清以来保持着频繁的贸易往来，形成稳定的贸易经济圈。当明政府在山陕两省实行"食盐开中"政策时，两省人民因甥舅、姑表关系而互相联引，共同走上经商的道路。明清以来形成的山陕两省商业贸易圈，为两省商人的紧密联合提供了经济基础。山陕两省地域相连，两地人民利用黄河水运进行贸易，逐渐形成固定的贸易网。两地的自然条件、生产方式具有同一性和很强的互补性。

再次，对秦晋商帮与徽商进行开放性研究。事实上，徽商的竞争是迫使山陕两省商人联合的直接原因。在明代初年，称雄于中国商界的是秦商与晋商，他们是在中国兴起最早的地域性商帮。而明中叶弘治年间宰相叶淇代表安徽人的利益，实行"盐法改制"、"输银于运司"。商人可以花钱买引，而不必输粟于边关，这便为徽商进入食盐贩运提供了便利条件，使徽商依赖经济和文化上的优势而在淮扬盐场迅速崛起，在经济市场范围上压倒了秦晋商人。因为山陕商人走上经商道路时，多是农民进城经商，多以中小商人为主，资本不足，力量分散，自然难以抵挡徽商的优势竞争。为了克服现实困难，也迫使两省商人联起手来，形成秦晋商帮与徽商抗争。

最后，对时间和空间差异进行开放性研究。在同一地区，山陕商人的实力前后有变化，且山西和陕西商人各自的实力对比也有变化，山陕会馆名称的不断变化就是最好的证明。而在同一时间，各地山陕商人的商业贸易情况以及山陕会馆的建设情况也不尽相同。这就需要从时间和空间的差异对山陕会馆进行开放性研究。

（3）全面诠释

如果说对山陕会馆与关帝庙进行多角度的开放性研究是从深度上对其文化进行保护，那么从多个方面对山陕会馆与关帝庙建筑进行研究是从广度上对其文化进行保护。在调研过程中，笔者发现，虽然一些大型的山陕会馆建筑实体都得以修复并对公众开放，但这只是物质形态上的完善，对山陕会馆的文化内涵却并没有探究得十分清晰。

目前，部分山陕会馆（关帝庙）因为其庞大的建筑规模与辉煌的建筑成就而成为区域范围内的标志性建筑，并继续为现代所使用，例如，洛阳潞泽会馆的入口匾额上写着"洛阳民俗博物馆"。这样的功能使用对于建筑实体本身的保护与修复无疑是非常有利的，但同时却或多或少掩盖了山陕会馆的文化历史。在调研社旗山陕会馆时，笔者发现在建筑的配殿中有专门以山陕会馆为主体的展览，虽然这些展览仅仅限于图片和文字，但是这样的展览方式有助于在区域范围内的民众对山陕会馆文化的认识。所以，想要保护山陕会馆与关帝庙的文化，如何在尽可能保护好建筑实体的同时，还原真实的历史，呈现本源的文化，这些问题都是值得山陕会馆遗产保护学者思考的。

（4）群体意识

也许建筑物质形态的保护涉及部分专业人员，但是，对建筑文化的保护不仅涉及个人，而且关涉整个社会群体的意识。对于政府管理者，对关帝庙和山陕会馆的发展历史定位需要有足够清楚的认识和了解，才可能在现代文化遗产保护形势下作出正确的决策；对于直接管理关帝庙和山陕会馆建筑的保护单位，要进一步考虑它们的建筑原貌，对建筑的每一个细节都需要考察到位；关帝庙和山陕会馆文化保护工作人员，要通过不同的方式向参观者准确地展示两者的故事、传说和由来，甚至包括每一个雕刻所描绘的内容，只有这样，区域内部的群众才可能了解真实的会馆历史和准确的建筑原貌，同时，山西、陕西商人才可能对家乡的商业文化历史产生认同感，中国民众才有可能为有建筑艺术成就、可与宫殿建筑媲美的建筑群体而产生民族自豪感。

2. 山陕会馆（关帝庙）的文化发扬

关帝庙是山陕会馆的文化源头。山陕会馆建筑涵盖了众多社会人文因素，是极有价值的承载历史的实物史料，在所在地的地域特征、社会经济、社会文化等不同的背景之下，分布在全国各地的山陕会馆形成了独特的、表征不同地域与历史渊源、社会行为与角色性格的会馆，我们将这些独特的山陕会馆内涵称为"山陕会馆文化"。在所有的会馆建筑中，山陕会馆表现了登峰造极的会馆文化。除了能够代表其他会馆也同样能表现出来的中国古代建筑、商贸、运河文化，对于研究书法、绘画、雕刻艺术史也具有极高的研究价值，概括起来是商业文化、运河文化、宗族文化、民俗文化、戏曲文化、装饰文化、儒家文化、道家文化、佛家文化。正因为与关帝庙的传承与演化关系，也极大地表现出关帝崇拜文化。这些文化将继续在时间的长河中不断演变和推进，发扬这些文化是对这些文化进行保护的最好方式。

（1）商业文化、运河文化、宗族文化

在中国古代漫长的封建社会中，全国大部分地区都是以农业为主要经济产业。在清代开始，出现资本主义萌芽，一部分农民成为商人，在各地区形成商品交换网络。会馆的出现标志着这一商业文化的正式形成，山陕会馆则代表的是秦晋商业文化，而对关帝的崇拜与关帝庙的建造也是商业文化的一部分。秦晋商人创造的辉煌的商业历史有很多不为秦晋后代所知。

在《山陕会馆接拨厘头碑记》中，可以看到这样的词句："从来可大而不可久者，非良法也，能暂而不能常者，非美意也……"从中不难看出山陕商人坦然从商、目光远大、精于管理、讲究信义的商业素质与人格魅力，这大概才是他们成功的秘诀所在吧。

对山陕会馆与关帝庙的商业文化进行保护和发扬，有利于人们更加认识秦晋商人，增强对陕西、山西两省商人的归属感、自豪感，增强秦晋商人的凝聚力。

前文说到，很多山陕会馆的选址都与水有关。这其中的"水"包括了贯通南北的京杭大运河，它是世界上最长的人工河，1700多公里长的运河形成了一条巨大的经济带，它所经过的地域成为重要的商埠，还包括了一些两河交汇处或者大河分流处。所以，在探索全国境内古镇、古村旧址时，可以以现有已发现的山陕会馆地址总结其规律和脉络，不断对还没有发现、有待开发的文化遗产进行抢救性保护。

另外，正是因为关帝庙与山陕会馆的传承关系，山陕会馆还集中体现了宗族文化特色。山陕会馆以山西、陕西地域为中心，以血缘、乡谊为纽带，具有很强的排他性和浓厚的封建宗族色彩。这种封建宗族文化传统起源于创建商人会馆的主体——"商帮"的封建宗法性。商帮的成员主要是同地同乡同族人，其社会基础是宗族或乡族势力。在商业文化的形成过程中，商帮都离不开宗族、乡人的支持，对本域的认同和对外域的排斥，对所开辟的商业领域的极力垄断，均表明商帮具有浓厚的狭隘地域性和封建宗族性。

（2）民俗文化、戏曲文化、装饰文化

关帝庙与山陕会馆建筑是属于山陕两省人的公共建筑形式，是两省社会民俗文化的载体。关帝庙与山陕会馆的建筑形式与造型、装饰，无不反映当时社会的民间风俗文化以及最具有代表性的戏曲文化、装饰文化。

山陕两省的生活方式与传统习俗也很大程度上影响了关帝庙与山陕会馆建筑形制的形成。其实，任何一种建筑风格、流派的形成都经历了漫长的历史时期。在这个历史过程中，新的工艺和建筑材料影响了建筑形制、构造的发展与变化，最终形成了各有特色的建筑风格。这种演变不仅仅因为自然条件与地理状况的变化，也受到技术、物质条件的影响。更重要的是，人们审美意识的改变、文化思潮的兴起以及各种建筑文化的广泛传播。现在山陕会馆所在区域的地理、气候条件等并没有大的改变，之所以会馆这种公共建筑形式已不再适应现在人们的需求是因为人们的生活方式和习惯的改变。因此，研究山陕会馆建筑文化为研究当时社会民俗文化起到不可忽视的作用。

从某种程度上说，戏曲文化、装饰文化是民俗文化的一部分，其中包含的戏曲、戏剧、石雕、木雕、砖雕和建筑装饰题材也随着山陕会馆在全国范围的建立而在民间流传和发展。同时，民间艺术的发展又为山陕会馆建筑文化增添了丰富内涵。以山陕会馆作为载体，山西和陕西的戏曲文化不断被传播，并与当地的戏曲文化相融合，出现了一些新的剧种，包括河北梆子、山东梆子等。山陕商人也不惜重金将家乡有名的工匠请到客地，用精湛的雕刻技术对山陕会馆建筑进行装饰，如今，这些在山陕会馆建筑中留存下来的建筑细部依然为中国现代装饰艺术的发展提供宝贵的研究资料。

（3）佛家文化、道家文化、儒家文化以及关帝崇拜文化

从关帝庙到山陕会馆的传承与演化关系中可见山陕会馆与关帝庙的文化内涵一脉相承。由于关羽在历史的变迁中同时代表了佛、道、儒三家文化，所以山陕会馆也集中国传统文化之大成，融中国传统儒、释、道三家思想于一体，这些思想文化不仅仅是体现于山陕会馆的祭拜功能上，更体现在会馆的建筑上。前文已经列举了很多山陕会馆中的整体和局部，例如，会馆建筑中既有代表道教的"八仙人物"，又有佛教八宝及儒家思想所倡导的"履中"、"蹈和"等匾文。由此可见，各种思想、文化在保持各自本质因素的基础上，达到了更高层次的相容相通，营造出一种和谐的氛围。要将这些文化继续传承和发展，必须将这些元素融入现代设计中，作

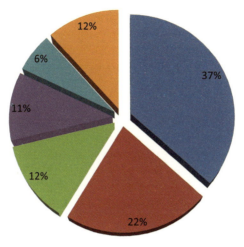

山陕会馆现状比例图

为文化载体的建筑才有可能将这些文化以实体形式保留并继续发扬。

二、山陕会馆（关帝庙）的建筑保护与修复

由于对山陕会馆的研究起步较晚，有关山陕会馆相关历史文化和重要性的知识没有得到普及，保护现状令人堪忧。根据实地考察情况和多方资料，笔者对目前有资料证实存在过和现存的山陕会馆情况作出统计。在统计在列的637个山陕会馆中，有397个山陕会馆资料待考，占全部山陕会馆的62.3%。事实上，在目前发达的信息网络形势下，这些待考的山陕会馆中大部分已经不存在，无法实地考察。而有资料可考的山陕会馆共有240个，以下将不同现存情况的山陕会馆作一个总结，其中已确定完全毁坏的有88个，约占37%，这些建筑有的毁于民国以前，有的毁于日军侵华战争和"文化大革命"等政治运动，有的毁于城市化建设过程中。还有一些等同于基本消失的山陕会馆现仅存有碑刻和楹联，这部分山陕会馆占12%的比例。有一些改建后面目全非和只保留部分破损严重的山陕会馆，分别占11%和6%。基本完好并且有极大研究意义和参考价值的山陕会馆有53个。这53个山陕会馆只占有资料可考山陕会馆的22%。

有资料可考的山陕会馆概况

概况	具体说明	数量	比例
完全毁坏	火灾、日军侵华、"文革"、建设	88	37%
基本完好	建筑大部分保留，已修缮	53	22%
仅存资料	存有碑刻、楹联	30	12%
部分保留	存建筑单体若干	26	11%
部分改建	破坏较严重，迁存	15	6%
其他	存资料或无法归类	28	12%
总计	240		

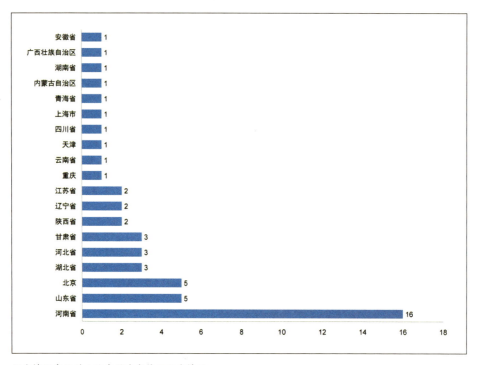

保存情况良好的山陕会馆在各地区分布情况

根据保存良好的山陕会馆在各地区分布情况图所示，河南省作为出现山陕会馆最多的省份，其保存的山陕会馆也相对较多，共有16个保存基本完好。其次是山东省和北京，再次是湖北省、河北省、甘肃省，其他省、市、自治区只有一到两个保存良好的山陕会馆。

1. 山陕会馆（关帝庙）的建筑保护

在笔者踏访过的关帝庙与山陕会馆中，令人印象极为深刻的是解州关帝庙与社旗山陕会馆，这两座建筑（群）之所以能够不同于其他被历史长河"淹没"的关帝庙与山陕会馆，呈现出如此高的建筑艺术形态，正是因为得到了长期的、恰当的保护。建筑得以保留，建筑是幸运的；当代人可以观赏和研究，我们是幸运的。而更多的关帝庙与山陕会馆建筑却没有得到应有的保护。

根据目前山陕会馆与关帝庙建筑的保护现状，结合实地调研以后的考察结果和相关资料的查阅，以下总结山陕会馆（关帝庙）建筑保护存在的问题，提出山陕会馆（关帝庙）建筑保护应遵循的原则，探讨现阶段山陕会馆（关帝庙）建筑保护和再利用的方法。

（1）山陕会馆（关帝庙）建筑保护存在的问题

这里仅对保护的力度造成问题作出陈述，不包括不恰当保护措施。保护措施恰当与否将在后文中予以探讨。

许多山陕会馆建筑残缺不全，构架直接暴露在风雨中。除了已经被列为重点保护建筑的会馆之外，其他很多山陕会馆还处于无人问津的状态。这样的建筑如果继续这样的状态，最终也只能被拆除。

山陕会馆与关帝庙均为历时百年以上的老建筑，虽然很多建筑已经即使被列为保护建筑，但还是有不同程度缺乏保护的现象。对于部分现存会馆，由于年久失修，建筑整体尽显老态，令人担忧。首先，屋顶上杂草丛生，严重破坏屋顶结构，导致瓦片碎裂情况严重，屋顶遮蔽功能减退。部分建筑主体结构出现整体倾斜，建筑装饰部位被自然或者人为严重破坏，特别是木构件有被蛀空、腐烂、裂缝等状况。此外，建筑的雕刻构件布满灰尘和污物无人清理，贴金和漆层都有不同程度的剥落。

在20世纪末，大多数的山陕会馆和关帝庙都历经了长达半个世纪的摧残和蹂躏。例如，苏州的全晋会馆自1958至1984年，曾先后被改为化工塑料厂、眼镜厂、光学仪器厂、照相机厂及机械工业局职工大学，会馆东路及西北隅则散为民居。及至十年动乱后，会馆更是缺乏定期的保养和维护，早已白蚁蛀蚀，梁倾壁残。在社会局势基本稳定以后，地方政府决定对全晋会馆进行大规模维修，经过两年筹划，1983年10月开始动工整修，1984年6月将使用单位全部撤离。对主轴线以及西边轴线上的建筑进行大修，并移建正殿，重建庭院，会馆原貌基本恢复。更多的会馆没有像全晋会馆这样幸运，在经历了数百年的风雨以后得到了及时的修复。目前还是有一些会馆成为单位办公、住宿的场所，而这些单位只负责使用，并不承担建筑保护和修复。在使用过程中，对建筑围护结构进行肆意篡改甚至改建、加建，严重破坏了原有的建筑空间形态。

（2）山陕会馆（关帝庙）建筑保护方法讨论

针对以上由于保护力度存在的问题，笔者根据在实地调研中观察和踏访到的实际情况，对山陕会馆（关帝庙）建筑保护方法进行讨论。

首先，政府应积极申报文物保护单位。目前，有很多大型的山陕会馆和关帝庙已经是全国重点文物保护单位，由此有充足的资金对建筑进行及时的保护和修葺。还有一些乡镇中的山陕会馆和关帝庙也被评为省级保护单位或者县级保护单位，这对该地区的旅游文化发展起到了良好的推动作用。例如，山西运城解州关帝庙已成为解州镇的地域名片，对当地经济发展产生了巨大作用。但是，仍有一些会馆已经破损严重，无法申报文物保护单位；另一些会馆因当地政府以及房地产开发商的利益驱使而延缓或者不申报文物保护单位。这样的情况使得山陕会馆和关帝庙得不到及时的保护。针对这样的情况，国家应该对文物保护单位进行全面的清理和盘查，根据建筑修复需要下拨专项款项，并且文物部门应对于现有的文物保护单位进行及时的探访和考察。并且，根据实地勘察情况，应该规定会馆的保护范围及建设控制地带。

其次，明确山陕会馆（关帝庙）使用单位应承担的责任。因为种种原因，一些山陕会馆和关帝庙不属于文物部门管理，这为其建筑保护加大了难度。例如湖北省襄阳山陕会馆属于襄阳第二中学校区以内，学校因为使用需要对建筑整体和细节进行了修改和扩建。针对这样的情况，政府管理上应该明确提出，使用单位应承担保护和修葺山陕会馆建筑的职责，并明确保护原则和具体方法。最理想的情况是使用单位提供专人负责制度，文保员应充分利用文字、照片、图纸、拓片等丰富、完善山陕会馆与关帝庙档案工作。

再次，以整治周边环境来保护。中国古代城镇格局，一般没有广场这样的中心场所，而是由寺庙、祠堂、会馆等重要建筑形成多核心的布局，这些重要建筑是展现城镇面貌的重要因素。《威尼斯宪章》第六条这样规定："古迹的保护包含着对一定规模环境的保护。凡传统环境存在的地方必须予以保存，决不允许任何导致改变主体和颜色关系的新建、拆除或改动"。[1]山陕会馆（关帝庙）的保护不能仅仅停留在建筑本身的保护上，还要对其周围的环境进行保护。山陕会馆（关帝庙）建筑所在地往往成为体现这一区域历史文化概貌的重要地段，与城镇历史文脉有着不可分割的联系。因此，应尽可能地保留山陕会馆与关帝庙周边的历史原貌，有效控制新建建筑的强度。例如，将社旗山陕会馆周边热闹的街市和商铺都予以完全保留，使社旗山陕会馆在城乡快速发展的今天依然成为整个区域的中心。

最后，和其他文物建筑一样，将山陕会馆（关帝庙）进行再利用是保护古建筑最经济、实用、有效的保护方式，下面对两者的再利用方式进行讨论。

（3）山陕会馆（关帝庙）的再利用方式讨论

山陕会馆与关帝庙目前再利用的具体方式比较统一，以下针对不同规模等级的山陕会馆与关帝庙的再利用方式进行讨论：

首先，一般大型的有代表性的山陕会馆（关帝庙）都成为展览场所或者主题性博物馆，例如1986年10月，全晋会馆作为苏州戏曲博物馆馆舍对外正式开放。2003年11月22日，中国昆曲博物馆正式在全晋会馆挂牌成立。可以说，全晋会馆虽然并不是最大的山陕会馆之一，但它是最幸运的山陕会馆之一。不仅得到了维修和保护，还承载着文化意义继续发挥作用。虽然昆曲已经离山西商人所听的戏曲相去甚远，但是将昆曲这一传统戏曲继续传承下去，实在是件幸事。此外，自贡西秦会馆为盐业博物馆，洛阳潞泽会馆为民俗博物馆。这些建筑因为"变身"为博物馆而得到了有效的保护，虽然这些主题已经与山陕会馆的本源文化有一定距离，但是笔者认为，在进行主题性展览的同时，一定要有特定的展区介绍山陕会馆的历史文化，这样才有利于山陕会馆文化的传承与发扬。

其次，还有一些规模中等的山陕会馆（关帝庙），保存有部分重要的建筑，如戏楼、大殿等。这样的建筑所在的地区不具备开设博物馆的条件，或者建筑本身规模不够。笔者认为这些山陕会馆（关帝庙）应该利用现有保留完好的戏楼和大殿，在大型节日和关帝祭拜日举行大型活动，并且融入地方民俗文化，成为市民文化活动的中心。这样不仅有利于民俗文化、戏曲文化的传播，还可以有效地利用戏楼、大

---

1 《威尼斯宪章》。

殿等，对这些建筑的及时保护和修复也能起到积极的作用。

再次，有一些更加小型的山陕会馆（关帝庙）本身破损严重，无法投入使用，并且暂时没有资金用来大面积的修复。这些建筑一般作为一些文物部门的办公地点。对于这样的山陕会馆，一方面要求使用单位担负建筑基本维护的责任，另一方面，建议会馆适当地对外开放，供游客和学者参观、考察。笔者在调研过程中发现，一些小型的山陕会馆建筑常常大门紧锁，对外封闭不但不能起到建筑保护作用，反而使得建筑文化不能有效地传播，对古建筑的保护和修复也有负面影响。

最后，在山陕会馆（关帝庙）的保护过程中，还有一些普遍性问题需要注意：一、加强对装饰构件的保护。山陕会馆（关帝庙）无论规模大小，要力争多保留一些雕刻、碑刻、楹联等非常珍贵的装饰艺术构件。这些装饰艺术往往成为保护的薄弱部位。二、加强对建筑内部环境的保护。例如，在自贡西秦会馆的庭院以及廊道中的灰空间，加强了盆栽的摆放以及植物的种植和分配，使得整个建筑掩映在绿色中，增加了视觉景观层次。更重要的是，一些盆栽摆放的位置可以避免有人靠近建筑容易损坏的细部，间接达到保护建筑实体的目的。三、加强对建筑周边环境的塑造。例如，洛阳潞泽会馆周边有效控制建筑密度，让建筑的主立面很好地展现出来，对地域面貌有所提升。在地域中心区域建立以硬质铺地为主的广场，这样的广场一直延伸到河道边。由于不希望遮挡里面的建筑，广场上基本没有绿色植物，是不适宜人群停留的纪念性广场。这些细节与政府的古建筑指导方针有关，笔者认为可以对广场进行进一步的人性化设计，成为能够集多功能于一体的城市广场，更能使山陕会馆的建筑文化有效地传播和发扬。另外，洛阳潞泽会馆临近的河道沿岸景观设计过于呆板和简陋，使得水景和建筑本身不能有效地融合，笔者认为应该多建立一些适度的景观构筑物或者休闲设施，以增加该区域范围的活力。

西秦会馆中庭绿化

潞泽会馆门前的河道

2. 山陕会馆（关帝庙）的建筑修复

山陕会馆（关帝庙）的保护应该和中国古代其他建筑文物保护一样，遵守《文物保护法》中"不改变文物原状"的原则。具体来说，是要在古建筑维修保护中遵守"四保存"，即保存原形制、原结构、原材料、原工艺。笔者在调研过程中发现，一部分山陕会馆的修复状况不尽如人意，而有一些山陕会馆的保护和修复方法却值得借鉴和学习。

（1）建筑表皮材质修补

在修复古建筑的时候应特别注重尊重原有历史，即建筑的风格、材料、色彩等一系列特征。很多地方的山陕会馆缺乏历史考察，任凭工匠自由发挥。这样的修复完全没有起到保护建筑的作用，相反，是破坏了建筑，破坏了历史。例如，在外表皮的保护上，辉县的山西会馆外墙已经被水泥粉刷，并上了一层水刷石[1]装饰材料，与会馆的整体建筑风格很不协调。

（2）建筑装饰彩绘色调

在修复古建时应尽量做到"修旧如旧"，防止将建筑肆意装饰一新的一些做法。在调研的过程中，笔者就发现有一些建筑的局部被浓墨重彩地添加了彩绘，这些彩绘有的质量较高，有的却是被随意且无根据地肆意绘画。总的来说，一些彩绘采用的颜色过于艳丽和明亮，与建筑其他部位饱和度较低的部分形成强烈反差，这样的修复是否合适有待商榷。如解州关帝庙过度彩绘的斗拱，大量使用了饱和度很高的蓝色和绿色，与下方饱和度较低的暖灰色龙纹柱身十分不协调。同样的情况还出现在聊城山陕会馆的额枋、垂花门上，大量使用饱和度很高的蓝色油漆；周口关帝庙的梁架被彩绘上了平面的龙纹饰，虽然这些纹饰符合山陕会馆整体装饰风格，但是彩绘轮廓粗糙；还有西秦会馆额枋上的雕刻进行了大面积镶金处理，虽焕然一新却明显掩盖了一些原本雕刻的精致细节。这些过度的修旧如新给人造成了视觉上不和谐、不搭调的感觉。

（3）建筑构件的稳固措施

建筑构件的稳固措施也是建筑装饰上非常重要的环节。从近期来看，可以起到最大程度不破坏建筑原貌的作用；从远期来看，可以有效避免建筑的大规模重修。笔者在调研过程中发现，解州关帝庙建筑构件的固定措施十分完善。如解州关帝庙

---

1 一种人造石料，制作过程是用水泥、石屑、小石子或颜料等加水拌和，抹在建筑物的表面。

解州关帝庙固定戗脊上的麒麟　　　　　解州关帝庙的吻兽固定

解州关帝庙石牌坊加固

左上图：解州关帝庙彩绘过度的斗拱
中左图：聊城山陕会馆彩绘过度
中右图：周口关帝庙梁上彩绘
左下图：西秦会馆额枋上的雕刻镶金处理

殿堂戗脊上的麒麟经风吹雨淋之后容易从倾斜的屋面滑落，文保工作人员用铁丝将麒麟周身捆绑后根据其受力方向，将它固定在屋脊上。其吻兽的固定方式也与之类似，即用深色的铁丝将大型的吻兽周身捆绑，多方位固定在屋脊和戗脊之上防止其滑落。另外，在大殿屋角上的垂花柱用宽扁铁皮十字交叉捆绑固定于梁架结构之上，这样的捆绑方式让人一目了然。在解州关帝庙门前的石牌坊上，用粗壮的铁棍固定中间整块石刻，两边铁棍呈八字形，同样是值得学习和借鉴的修复方式。总而言之，在解州关帝庙建筑中，不同建筑部位的不同固定方式说明了在建筑修复过程中也存在着设计，在受力合理的情况下，应尽量不影响建筑的真实和美观。

（4）建筑丢失或脱落部分的修缮

在建筑修复过程中往往出现建筑整体或者局部构件丢失和严重损坏的情况，这就要求处理方式灵活多变。例如，社旗山陕会馆的春秋楼已完全消失，仅存部分台基，局部存残部分砖墙。修复方式并不是重新建立新的春秋楼，而是保留遗址，对部分台基加以修正，在旁设立文字说明加以介绍。这样的做法是避免低质量的效仿，使得已经不存在的建筑和建筑文化能够以另一种形式留存下来，这是一种值得提倡的保护方式。再如，在自贡西秦会馆中，建筑看楼上的栏板已经遭到严重破坏，但是出于安全考虑必须加上栏板，处理方式是修建无装饰构件的简约的栏板，色调与建筑其他部分保持统一。这样，前来参观者可以一目了然地知道这不是原有的栏板。这样的保护方式好过根据想象重新制作"假古董"。在开封山陕甘会馆的屋顶上，相邻两个建筑吻兽紧挨在一起，其中一个吻兽已经不知去向，于是文物保护者用不同材质制作了一个大小形似、雕刻手法相同的假吻兽，这样，从较远距离的视角来看，不会因为缺少一只吻兽而让人感觉建筑缺乏完整性；从较近距离来看，因为材质不同，颜色差异，可知晓这不是原有的建筑装饰构件，从而避免了误解的产生。从建筑单体到建筑构件，以上的处理办法值得其他山陕会馆修复工作借鉴。

（5）建筑内部及外部环境修复

前文已经提及在建筑保护过程中，建筑环境的塑造对于建筑整体面貌有着极其重要的作用。对于建筑内部与外部环境的修复，在调研过程中发现了不少值得学习的实例和可以吸取的教训。例如，自贡西秦会馆如今用作自贡盐业博物馆，用来展现盐业历史，根据建筑不同的空间和布局，串联起丰富的展览空间。在这些空间的塑造中，刻意回避了建筑损坏的地方，将游客的注意力集中在丰富的展览资料和灵活的展览方式上。大殿之类的大空间展示大型的雕塑，而在廊道上展示以时间和空

上图：自贡西秦会馆栏板修补
下图：开封山陕甘会馆真假吻兽

间为检索的展览资料。游客在参观展览的间隙还可以从不同角度浏览建筑实体，建筑修复和展览方式的结合起到了良好效果。在建筑室外环境上，周口关帝庙的外部环境塑造存在问题。建筑外围因为消防需要而建立起水泥铺设的消防车道，车道两旁无任何绿化和休闲设施，让建筑裸露在平整简陋的场地之上，建筑上破旧和损坏的地方也赤裸地显示出来，这样粗糙的环境让整个建筑也显得不够精致。在这样的室外环境被破坏得较为严重的情况下，相关文保部门应当请景观设计师进行再次设计，为精美的建筑锦上添花。

以上是笔者从建筑设计者的角度，结合调研时的所见所闻，对实际调研的山陕会馆和关帝庙建筑中的一些细节进行归类，对建筑修复工作中的一些意见和建议进行汇总。事实上，除了已经列入国家级文物保护单位的建筑之外，很多建筑不可能得到系统、科学、准确、及时的修复，不过只要文物保护工作者加强对建筑文物保护的意识、明确建筑文物保护的原则、了解建筑设计和修复的专业知识，并满怀对古建筑保护事业的热爱、对山陕会馆和关帝庙建筑文化的热爱，就可以完美地完成山陕会馆和关帝庙的保护和修复工作。

周口关帝庙周边环境

结　语

　　正如前文在山陕会馆和关帝庙的研究背景相关章节中提到，目前学术界对于会馆的研究还处于初级阶段，特别是建筑学界对于山陕会馆的研究也极为欠缺，甚至存在对山陕会馆和关帝庙概念与性质的基本认识上的误区。幸运的是，已经有其他不同领域的学者对山陕会馆进行了不同角度的研究，为从建筑角度的研究提供了基础资料，使得本书在论述山陕会馆和关帝庙的传承与演变关系时论证方式和论证实例更为丰富。

　　对于关帝庙和山陕会馆传承与演变关系的表述概括如下：一、由于关羽出生在山西，改姓于陕西，故关帝庙和山陕会馆在长期的演化过程中已经极大程度地融为一体，这一点从多个建筑同时用"关帝庙"、"山陕会馆"的命名方式可以证明；二、关帝庙是山陕会馆的精神核心，对关帝的祭祀是山陕会馆功能的重要组成部分，绝大部分山陕会馆的主要殿堂就是实现对关帝的祭拜功能，甚至在一些规模较大的山陕会馆中还独立设置形制完整的关帝庙；三、山陕会馆是关帝庙发展后期的载体，没有山陕商人在各地建立的山陕会馆，关帝文化和精神不可能大范围地发扬开来。

　　为了表述得更为严谨和精确，以下说明本书中的一些问题：首先是有关名称，山陕会馆为一个统称，代表了山西、陕西商人在全国范围内建立的会馆，包括山西会馆、陕西会馆以及其他命名方式的会馆，而关帝庙为一个统称，代表了供奉关羽或者供奉关羽与其他神灵的庙宇，包括关爷庙、关岳庙等；其次，本书研究的山陕会馆主要针对明清时期，而大部分山陕会馆出现在明清时期，其他时期的山陕会馆暂不作深入探讨；再次，界定建筑是关帝庙还是山陕会馆，这里主要针对建筑本身进行探讨，同一建筑可能在文中出现略有差别的称呼，模糊的界定证明了关帝庙与山陕会馆的复杂联系。

本书中对于关帝庙与山陕会馆建筑状况的研究，是从当时条件下的社会经济、文化、政治等因素的基础上，以尊重客观历史建筑事实为原则进行辩证分析。同时，注重调查研究，进行汇总和对比。首先对关帝庙与山陕会馆产生的背景、社会文化和功能性等方面作一个系统地了解，然后对特定的关帝庙与山陕会馆进行选址、平面规划、建筑形制、建筑装饰艺术等方面的比较，洞悉其异同之处，探寻其演变的规律。实际研究中以现存关帝庙与山陕会馆建筑为直接素材，进行实地考察，同时借助现有史料、碑刻，以及专业论著、学术论文等其他文献资料，进行认真地阅读与整理，从宏观到微观逐步深入研究，旨在唤起更多有识之士对现存的山陕会馆与关帝庙树立良好的保护意识并采取切实可行和积极有效的保护方式。

参考文献

1. 张海鹏、张海壕：《中国十大商帮》，黄山书社1993年版。

2. 张正明：《晋商兴衰史》，山西古籍出版社1995年版。

3. 李　刚：《陕西商帮史》，西北大学出版社1997年版。

4. 王士立：《中国古代史》，北京师范大学出版社1999年版。

5. 王永斌：《北京的商业街和老字号》，北京燕山出版社1999年版。

6. 李　华：《明清以来北京工商会馆碑刻资料选编》，文物出版社1980年版。

7. 胡焕春：《北京的会馆》，中国经济出版社1994年版。

8. 刘文锋：《山陕商人与梆子戏》，文化艺术出版社1996年版。

9. 李义清：《中国会馆》，华夏文化出版社1999年版。

10. 邹逸麟：《中国历史人文地理》，科学出版社2001年版。

11. 魏千志：《明清史概论》，中国社会科学出版社1998年版。

12. 顾朝林等：《中国城市地理》，商务印书馆1999年版。

13. 窦季良：《同乡组织之研究》，正中书局1946年版。

14. 王致中：《明清西北社会经济史研究》，三秦出版社1989年版。

15. 朱绍侯：《中国古代史》（下），福建人民出版社1996年版。

16. 张晋潘：《中国官制通史》，中国人民大学出版社1992年版。

17. 王瑞安：《山陕甘会馆》，中州古籍出版社1992年版。

18. 贺官保：《洛阳文物与古迹》，文物出版社1987年版。

19. 王　瑜：《盐商与扬州》，江苏古籍出版社2001年版。

20. 张永禄：《明清西安词典》，陕西人民出版社1999年版。

21. 广东省社会科学院历史研究所中国古代史研究室：《明清佛山碑刻文献经济资料》，广东人民出版社1987年版。

22. 江苏省博物馆：《江苏省明清以来碑刻资料选集》，生活·读书·新知三联书店1959年版。

23. 苏州历史博物馆：《明清苏州工商业碑刻集》，江苏人民出版社1981年版。

24. 上海博物馆：《上海碑刻资料选编》，上海人民出版社1980年版。

25. 李文治：《中国近代农业史资料》，三联书店1957年版。

26. 严中平：《老殖民主义史话选》，北京出版社1984年9月版。

27. 彭泽益：《中国近代手工业史资料》，中华书局1962年版。

28. 彭泽益：《中国工商行会史料集》，中华书局1998年版。

29. 吴承明：《中国资本主义萌芽》，人民出版社1985年版。

30. 吴承明：《中国的现代化：市场与社会》，三联书店2001年版。

31. 韩大成：《明代城市研究》，中国人民大学出版社1991年版。

32. 葛剑雄：《中国移民史》（第六卷），福建人民出版社1997年版。

33. 龙登高：《中国传统市场发展史》，人民出版社1997年版。

34. 吴　刚：《高陵碑石》，三秦出版社1993年版。

35. 王　瑜：《盐商与扬州》，江苏古籍出版社2001年版。

36. 雷爱水：《中华竹枝词》，北京古籍出版社1998年版。

37. 钟长泳：《中国自贡盐》，四川人民出版社1993年版。

38. 竞　放：《山陕会馆》，金陵书社1997年版。

39. 河南古建筑研究所：《社旗山陕会馆》，文物出版社1999年版。

40. 开封市地方志编委会、开封市文物事业管理处：《开封山陕甘会馆》，中州古籍出版社1992年版。

41. 聊城市委宣传部：《中国历史文化古城：聊城》，山东友谊出版社1995年版。

42. 赵　逵：《"湖广填四川"移民通道上的会馆研究》，东南大学出版社2012年版。

43. 梁小民：《小民话晋商》，北京大学出版社2007年版。

44. 傅熹年：《中国古代城市规划、建筑群布局及建筑设计方法研究》，中国建筑工业出版社 2001 年版。

45. 郭广岚、宋良曦：《西秦会馆》，重庆出版社 2006 年版。

46. 戴志中、杨宇振：《中国西南地域建筑文化》，湖北教育出版社 2003 年版。

47. 荣　浪：《山西会馆》，当代中国出版社 2007 年版。

48. 刘原平、赵明：《浅谈晋商会馆建筑》，《山西建筑》2006 年第 7 期。

49. 孙　音：《会馆建筑》，《四川建筑》2003 年第 4 期。

50. 崔陇鹏、黄旭升：《清代巴蜀会馆戏场建筑探析》，《四川建筑》2009 年第 4 期。

51. 崔陇鹏：《四川会馆建筑与川剧》，《华中建筑》2008 年第 4 期。

52. 潘长学、徐宇甦：《汉口山陕会馆考》，《华中建筑》2003 年第 4 期。

53. 马骁、左满常、王世建：《清代官式建筑的特征》，《建筑科学》2007 年第 1 期。

54. 杨焕成：《河南明清地方建筑与官式建筑的异同》，《华夏考古》1987 年第 2 期。

55. 赵明、赵香田：《中原地区晋商会馆的平面形制与空间特色》，《文物世界》2009 年第 5 期。

56. 车文明：《中国古代戏台规制与传统戏曲演出规模》，《戏剧艺术》2011 年第 1 期。

57. 李刚、宋伦：《明清工商会馆"馆市合一"模式初论——以山陕会馆为例》，《中国社会经济史研究》2004 年第 1 期。

58. 冯筱才：《中国大陆最近之会馆史研究》，《近代中国史研究通讯》2000 年第 30 期。

59. 陈　磊：《潞泽会馆建筑研究》，《中国营造学社建社 80 周年纪念活动暨营造技术的保护与更新学术论坛会刊》2009 年第 7 期。

60. 宋　伦：《论明清山陕会馆的创立及其特点——以工商会馆为例》，《晋阳学刊》2004 年第 1 期。

61. 陈炜、史志刚：《地域会馆与商帮建构——明清商人会馆研究》，《乐山师范学院学报》2003 年第 1 期。

62. 李　珂：《山陕会馆中的神崇拜——以社旗山陕会馆为例》，《首都师范大学学报》（社会科学版）2007 年第 12 期。

63. 冯建志：《河南木雕石刻戏曲文物——以社旗山陕会馆为例》，《南阳师范学院学报》2011 年第 10 期。

64. 李芳菊：《社旗山陕会馆建筑装饰群中的艺术文化内涵研究》，《安阳师范学院学报》2003 年第 6 期。

65. 许　檀：《清代中叶的洛阳商业——以山陕会馆碑刻资料为中心的考察》，《天津师范大学学报》（社会科学版）2003 年第 4 期。

66. 李芳菊、骆乐、王云雪：《论社旗山陕会馆商文化中的儒、佛、道融合》，《中州大学学报》2005 年第 1 期。

图书在版编目（CIP）数据

山陕会馆与关帝庙/赵逵，邵岚著.－上海：
东方出版中心，2015.9
ISBN 978-7-5473-0831-8

Ⅰ.①山… Ⅱ.①赵… ②邵… Ⅲ.①古建筑－介绍
－中国 Ⅳ.①K928.71

中国版本图书馆CIP数据核字（2015）第217341号

山陕会馆与关帝庙

赵逵　邵岚 著

策划/责编　戴欣倍
书籍设计　陶雪华
责任印制　周　勇

出版发行：中国出版集团 东方出版中心
地　　址：上海市仙霞路345号
电　　话：021—62417400
邮政编码：200336
经　　销：全国新华书店
印　　刷：上海书刊印刷有限公司
开　　本：787×1092　1/16
印　　张：16
版　　次：2015年9月第1版第1次印刷
ISBN　978-7-5473-0831-8
定　　价：65.00元

醉